歴史・文化から自然環境まで

[監修] 関 真興

PHP

## はじめに

　新聞や雑誌、テレビだけでなく、携帯電話やゲーム機からもいろいろな情報が入ってくる現代、半世紀前の子どもたちにはなじみのなかった「グローバリゼーション」や「インターナショナル」といった言葉は、それほど抵抗なく受け入れられているのではないでしょうか。外国旅行をして、世界にはいろいろな国があることを実際に経験してきた人もいるでしょう。

　さて地図を見てみましょう。まず、中国やロシア、アメリカといった大きな国に目がいってしまいますね。そういう国と比較すると日本はずいぶん小さな国になります。しかし、わたしたちの日本よりももっともっと小さな国家もたくさんあります。世界には現在およそ200の独立国がありますが、面積で、日本は61番目の広さになります。人口は１億3000万人ほどで、これは世界では10番目です。その日本の経済力ですが、最近は中国に追いぬかれてしまったものの、ＧＤＰ（国内総生産）は世界第３位です。見方によれば、これだけ面積が小さく、資源にもめぐまれていない国が、世界の大国にならんでいることができるというのは、すごいことです。

　大きいことがよいのなら、小国がどんどん連合して大きな国になっていけばいいのでしょうが、それは簡単なことではありませんし、大きな国には別の問題が多くあります。逆に、小国とはいうものの、国民の多くがそれに満足しておだやかな生活をしている国もたくさんあります。それが実現できるということは、しっかりした指導者が、しっかりした理念をもって政治をおこない、国民がそれをよく支持しているということもできるでしょう。

　この本で取りあげる小国は、すべてがゆたかで、国民生活が安定している国ばかりではありません。それどころか、さまざまな問題をかかえている国のほうが多いといえるでしょう。しかし、どの国の人々も、自分の国に誇りをもって国際社会でがんばっています。

　この本で、そのような国々のことを学ぶことは、おとなになって世界で活躍するときに、きっと役に立つはずです。

関　真興

左上　©2004. Chmouel "Western Wall of Jerusalem" ©　右上　©2010. Roland zh "Augustinergasse in Lindenhof quarter, Zürich" ©
左下　©2005.Carol L Ramjohn "Double Chaconia" ©　右中　©2011.ペウゲオト "The Merlion statue in Merlion Park" ©
右下　提供：ブータン政府観光局

# 小さな国大研究 もくじ

はじめに ……………………………… 2

## PART1　小さな国とは？

©2004.Optimist on the run "Latour-de-Carol station"

小さな国地図 ………………… 8
小さな国とは？ ………………… 10
　小さな国を日本の面積とくらべてみよう …… 10
　小さな国を東京都の面積とくらべてみよう …… 11
世界の面積ランキング ………………… 12
世界の人口ランキング ………………… 13
世界のGDPランキング ………………… 14

## PART2　小さな国を見てみよう

### ヨーロッパ

宗教の国、そして世界一小さな国　バチカン市国 ……… 16
アルプスと平和の国　スイス ……… 18
一人当たりの国内総生産から見て世界一ゆたかな国
ルクセンブルク ……… 20
元首はお金持ちの貴族　リヒテンシュタイン ……… 21

©2007. Andrew Bossi "Matterhorn viewd from the Gornergratbahn"

©2007.Beata Gorecka "Couscous"

©2004. Lora Beebe "St.Peter's Basilica"

観光客があふれる高地の国 アンドラ………22
世界最古の共和国 サンマリノ………24
ユーゴスラビアから分離独立した一国家
モンテネグロ………26
地中海に浮かぶ要塞の島 マルタ………28
南北に分断されたトルコの南にある島 キプロス………29

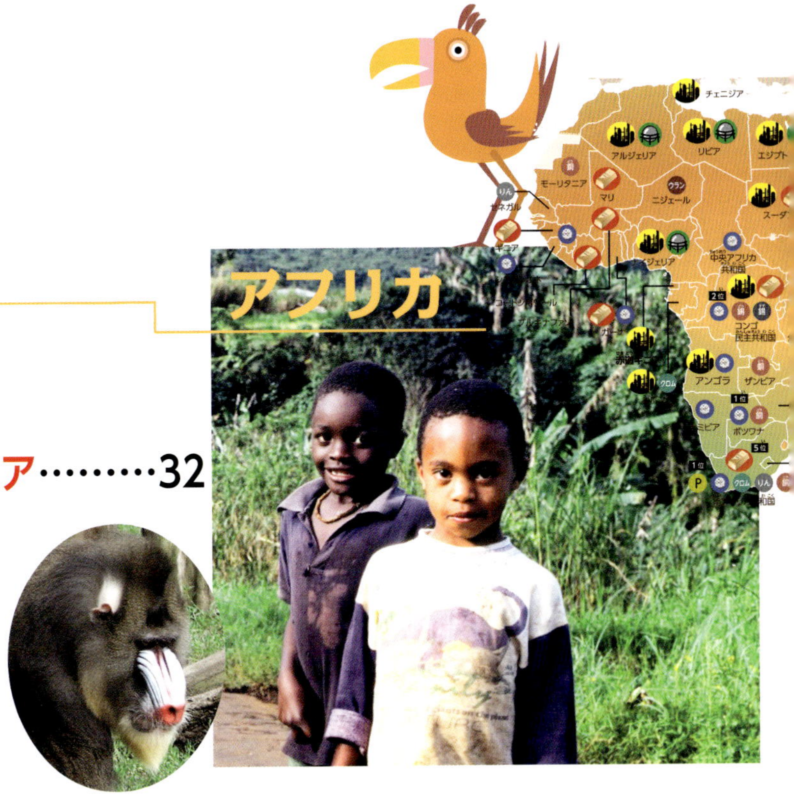

## アフリカ

ダイヤモンドで紛争が起こった国
シエラレオネ………30
石油が発見され、急成長した国 赤道ギニア………32
アフリカのスイス レソト………34
50度を超えることもある暑い国
ジブチ………36

## 中東

ユダヤ人が建設した国 イスラエル………38
石油にめぐまれた中東の島国 バーレーン………40

# 小さな国大研究
## もくじ

### アジア

大国のはざまで生きる世界でいちばん幸せな国家!?
**ブータン**………42

美しいサンゴ礁の島々の国 **モルディブ**………44

めざましい経済発展をとげた、東南アジアの優等生
**シンガポール**………46

資源にめぐまれた裕福な王国 **ブルネイ**………48

多くの血を流して、2002年に独立した新しい国
**東ティモール**………50

提供：ブータン政府観光局

### 太平洋

太平洋にうかぶ小さな島々の国
**ツバル・ナウル・キリバス**………52

### 中南米

2つの大洋をつなぐ運河の国 **パナマ**………54

カリブ海の島国 **バハマ・ジャマイカ**………56

小さな国がならぶカリブ海の島々
**小アンティル諸島**………58

多様な民族の住む、熱帯の国 **スリナム**………60

さくいん………62

©2009.David Evers "Amazon jungle from above"

# PART 1
## 小さな国とは？

©2009.Милош Ћапин"Herceg Novi at winter"©

©2009.Doug Janson"Urocolius macrourus"©

# 小さな国地図

この本で紹介する国の位置

- ルクセンブルク (P.20)
- リヒテンシュタイン (P.21)
- サンマリノ (P.24)
- モンテネグロ (P.26)
- スイス (P.18)
- アンドラ (P.22)
- バチカン市国 (P.16)
- マルタ (P.28)
- キプロス (P.29)
- イスラエル (P.38)
- バーレーン (P.40)
- ジブチ (P.36)
- シエラレオネ (P.30)
- 赤道ギニア (P.32)
- レソト (P.34)
- ブータン (P.42)
- モルディブ (P.44)
- シンガポール (P.46)
- ブルネイ (P.48)
- 東ティモール (P.50)

イギリス / ロシア / 中華人民共和国 / 日本 / インド / オーストラリア

4000 km

# 小さな国とは？

国の大きさとはなんでしょうか。ひとつは面積の広さ、もうひとつは人口でしょう。また、経済力の大きさとしてGDP（国内総生産）もひとつの基準になるかもしれません。

この本では、面積が17万km²、人口が800万人以下の国を「小さな国」の目安とし、その中でも特徴のある国を取り上げました。

まずは、この本で紹介する国々の面積を日本や東京都の面積とくらべてみましょう。また、つぎのページからは、面積と人口、さらにはGDPについて、世界の中でのランキングを見てみます。

※ここでは、面積を比較しやすくするため、国の形を簡略化しています。
※国全体ではなく、主要な地域、もしくは一部の地域のみを示したものもあります。
※P.10〜11の小アンティル諸島については、ドミニカ国のみを取り上げています。

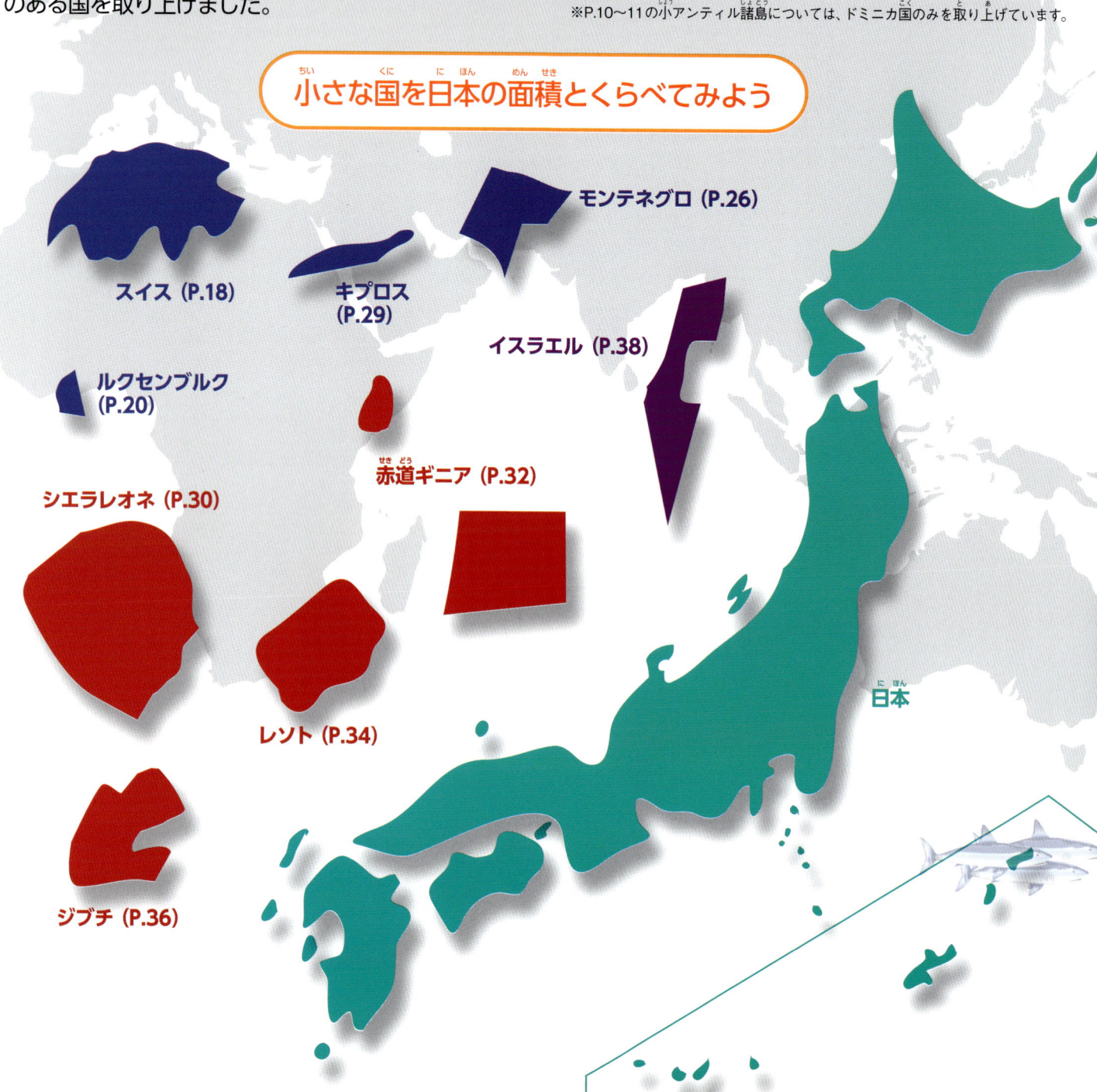

小さな国を日本の面積とくらべてみよう

スイス (P.18)
モンテネグロ (P.26)
キプロス (P.29)
イスラエル (P.38)
ルクセンブルク (P.20)
赤道ギニア (P.32)
シエラレオネ (P.30)
レソト (P.34)
ジブチ (P.36)
日本

# 小さな国を東京都の面積とくらべてみよう

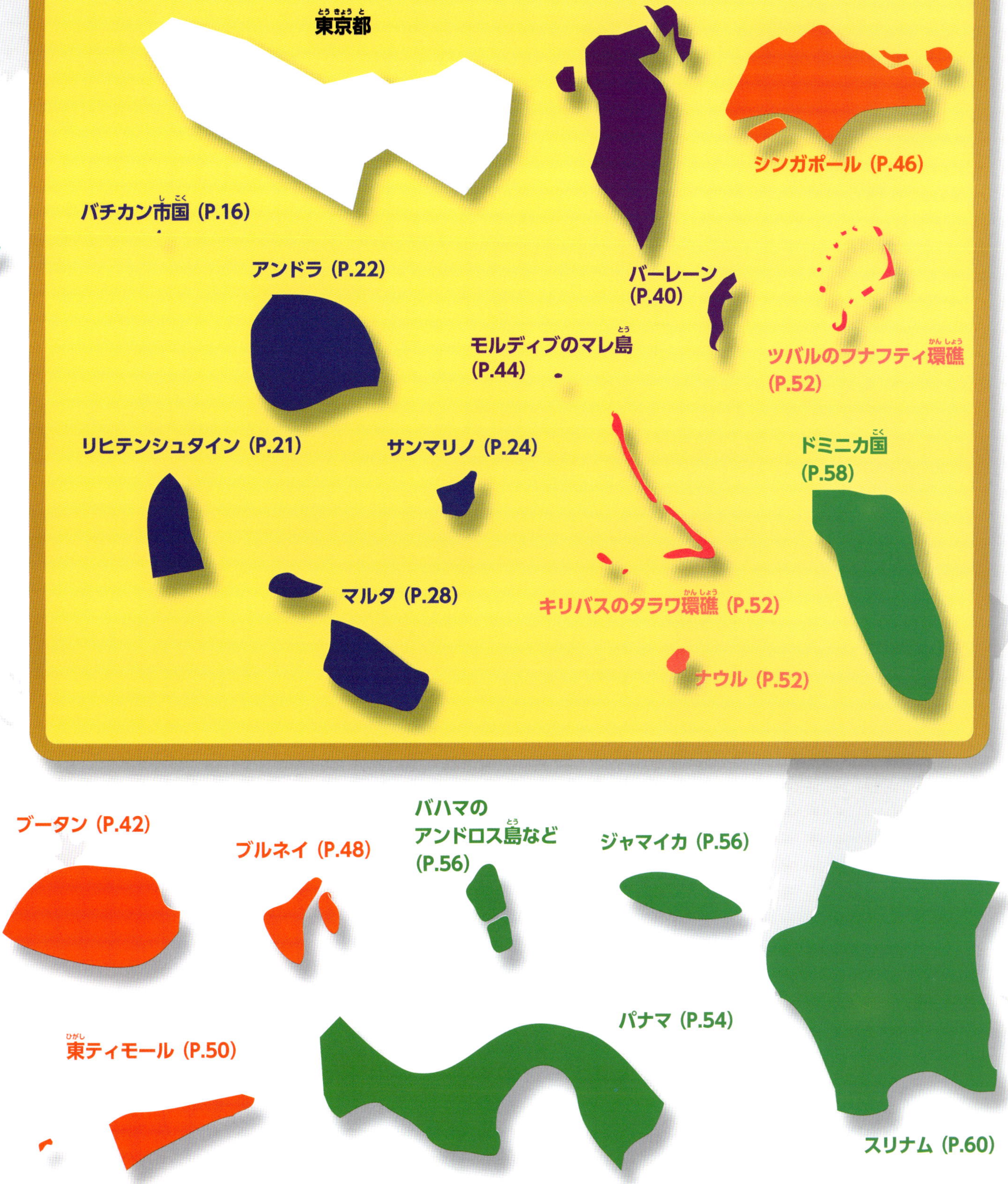

東京都

バチカン市国 (P.16)

アンドラ (P.22)

バーレーン (P.40)

シンガポール (P.46)

モルディブのマレ島 (P.44)

ツバルのフナフティ環礁 (P.52)

リヒテンシュタイン (P.21)

サンマリノ (P.24)

ドミニカ国 (P.58)

マルタ (P.28)

キリバスのタラワ環礁 (P.52)

ナウル (P.52)

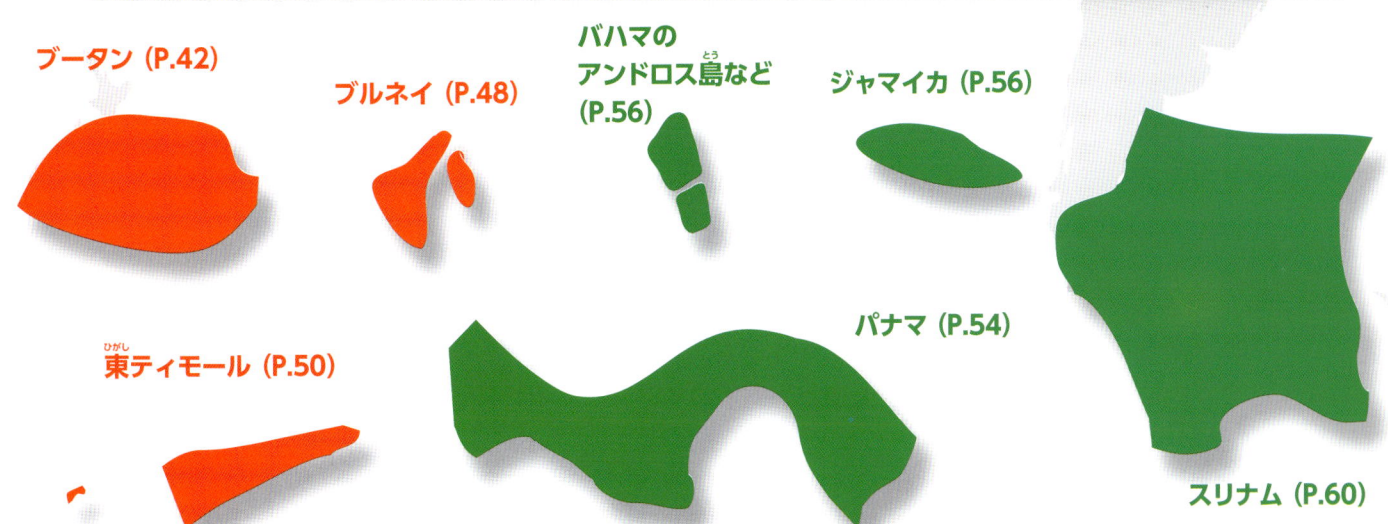

ブータン (P.42)

ブルネイ (P.48)

バハマのアンドロス島など (P.56)

ジャマイカ (P.56)

パナマ (P.54)

東ティモール (P.50)

スリナム (P.60)

# 世界の面積ランキング

世界一面積の広い国はロシアで、2番目はカナダ、日本は61番目になります。この本で紹介する国は世界の国の面積ランキングで何番目になるか、見てみましょう。

150万km² ／ 1本が150万km²を表しています。

**世界1位 ロシア** 1709万8242km²

**世界2位 カナダ** 998万4670km²

**世界3位 アメリカ合衆国** 962万9091km²

**世界4位 中国** 959万6961km²

**世界61位 日本** 37万7960km²

| | | | | | |
|---|---|---|---|---|---|
| 90位 | スリナム | 16万3820km² | 163位 | ブルネイ | 5765km² |
| 116位 | パナマ | 7万5417km² | 164位 | トリニダード・トバゴ | 5130km² |
| 117位 | シエラレオネ | 7万2300km² | 167位 | ルクセンブルク | 2586km² |
| 131位 | スイス | 4万1285km² | 171位 | バーレーン | 758km² |
| 132位 | ブータン | 3万8394km² | 174位 | キリバス | 726km² |
| 137位 | レソト | 3万355km² | 175位 | シンガポール | 714km² |
| 141位 | 赤道ギニア | 2万8051km² | 178位 | アンドラ | 468km² |
| 146位 | ジブチ | 2万3200km² | 185位 | マルタ | 316km² |
| 148位 | イスラエル | 2万2072km² | 186位 | モルディブ | 300km² |
| 154位 | 東ティモール | 1万4919km² | 189位 | リヒテンシュタイン | 160km² |
| 155位 | バハマ | 1万3943km² | 190位 | サンマリノ | 61km² |
| 156位 | モンテネグロ | 1万3812km² | 191位 | ツバル | 26km² |
| 160位 | ジャマイカ | 1万991km² | 192位 | ナウル | 21km² |
| 162位 | キプロス | 9251km² | 194位 | バチカン市国 | 0.44km² |

(国連『Demographic Yearbook 2011』)

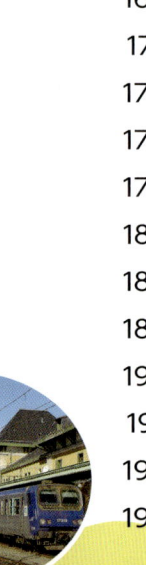

# 世界の人口ランキング

人口でランキングをつけると、世界一は中国、2番目はインドです。日本は10番目になります。この本で紹介する国の人口は何番目でしょうか。

1.5億人

1本が1.5億人を表しています。

**世界1位**
中国
13億4413万人

**世界2位**
インド
12億4149万人

**世界10位**
日本
1億2782万人

| 順位 | 国 | 人口 | | 順位 | 国 | 人口 |
|---|---|---|---|---|---|---|
| 93位 | スイス | 791万人 | | 160位 | モンテネグロ | 63.2万人 |
| 95位 | イスラエル | 777万人 | | 162位 | スリナム | 52.9万人 |
| 107位 | シエラレオネ | 600万人 | | 163位 | ルクセンブルク | 51.8万人 |
| 114位 | シンガポール | 518万人 | | 165位 | マルタ | 41.6万人 |
| 127位 | パナマ | 357万人 | | 166位 | ブルネイ | 40.6万人 |
| 137位 | ジャマイカ | 271万人 | | 168位 | バハマ | 34.7万人 |
| 140位 | レソト | 220万人 | | 169位 | モルディブ | 32万人 |
| 148位 | トリニダード・トバゴ | 135万人 | | 180位 | キリバス | 10.1万人 |
| 150位 | バーレーン | 132万人 | | 182位 | アンドラ | 8.6万人 |
| 151位 | 東ティモール | 118万人 | | 188位 | リヒテンシュタイン | 3.6万人 |
| 152位 | キプロス | 112万人 | | 190位 | サンマリノ | 3.2万人 |
| 154位 | ジブチ | 90.6万人 | | 192位 | ナウル | 1万人 |
| 158位 | ブータン | 73.8万人 | | 193位 | ツバル | 9800人 |
| 159位 | 赤道ギニア | 72万人 | | 194位 | バチカン市国 | 800人 |

※ P.12～13の小アンティル諸島については、トリニダード・トバゴのみを取り上げています。

※ P.12のバーレーンより下位の国、P.13のキリバスより下位の国のグラフの長さは、面積や人口と比例していません。

2011年の人口（世界銀行 2012年12月発表、ナウル、バチカン市国は各国発表による）

# 世界のGDPランキング

経済力を表すGDP（国内総生産）を見ると、小さな国でも上位に位置する国があります。さらに一人当たりのGDPでは、たくさんの小国が、大国と同じくらいか、より上位にあることがわかります。小さな国にはゆたかな国が多いといえそうです。

（単位：10億USドル）

| 順位 | 国 | GDP |
|---|---|---|
| 世界1位 | アメリカ | 1万5685 |
| 世界2位 | 中国 | 8227 |
| 世界3位 | 日本 | 5964 |
| 20位 | スイス | 632 |
| 36位 | シンガポール | 277 |
| 44位 | イスラエル | 241 |

## 一人当たりのGDPランキング

（単位：USドル）

カタールは、この本では取り上げていませんが、面積や人口からいえば、この本でいう「小さな国」に該当します。〈　〉でかこんだ国は、この本でいう「小さな国」ではありません。

| 順位 | 国 | GDP |
|---|---|---|
| 世界1位 | ルクセンブルク | 10万7206 |
| 世界2位 | カタール | 9万9731 |
| 世界4位 | スイス | 7万9033 |
| 10位 | シンガポール | 5万1162 |
| 11位 | 〈アメリカ〉 | 4万9922 |
| 13位 | 〈日本〉 | 4万6736 |
| 20位 | ブルネイ | 4万1703 |
| 21位 | 〈ドイツ〉 | 4万1513 |
| 27位 | イスラエル | 3万1296 |
| 29位 | キプロス | 2万6389 |
| 32位 | バーレーン | 2万3477 |
| 33位 | 赤道ギニア | 2万3133 |
| 34位 | 〈韓国〉 | 2万3113 |
| 35位 | バハマ | 2万2833 |
| 41位 | トリニダード・トバゴ | 1万9018 |
| 48位 | 〈ロシア〉 | 1万4247 |
| 87位 | 〈中国〉 | 6076 |

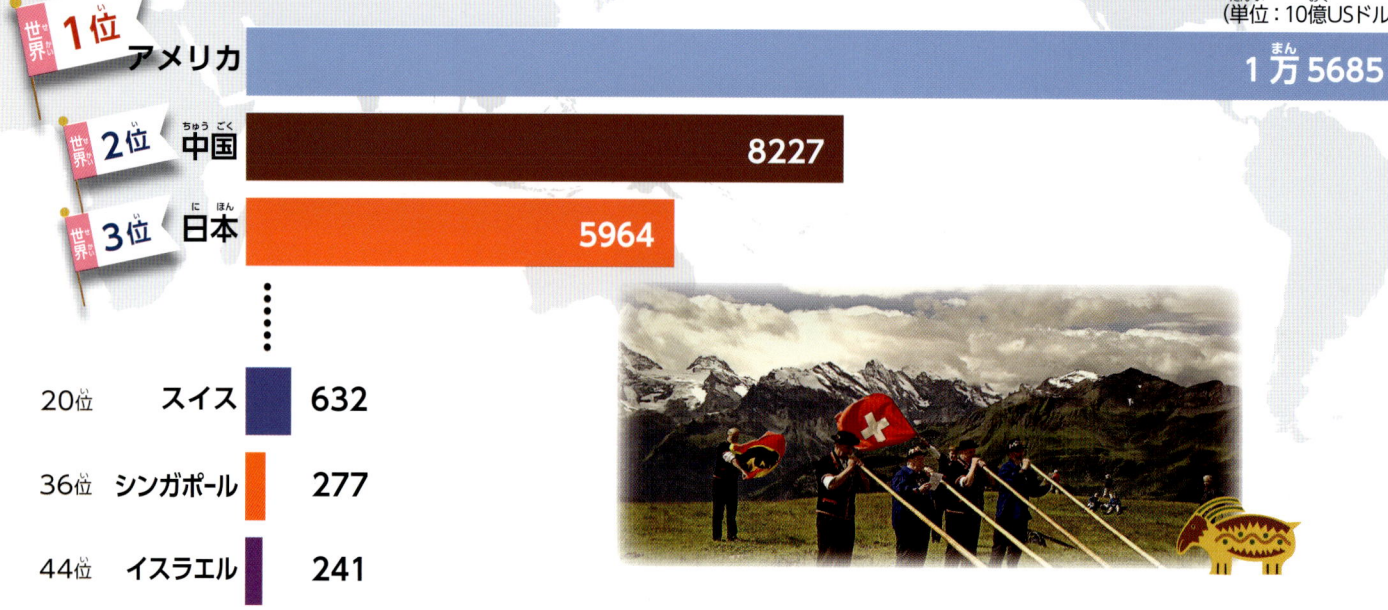

(いずれも2012年の名目GDP。IMF World Economic Outlook Databases 2013年4月版)

# PART 2

## 小さな国を見てみよう

©2007.JanRehschuh"Orange on a tree in Cyprus"©

©2006.Michael Denne"Class in Ha Nqabeni primary school, Lesotho" ©

# ■ヨーロッパ

## 宗教の国、そして世界一小さな国
# バチカン市国

サン・ピエトロ大聖堂のドームから見た、サン・ピエトロ広場。

### 基礎データ
- ●面積　0.44km²（東京ディズニーランド®と同じくらい）
- ●人口　約800人（2011年）
- ●言語　公用語はラテン語。また、一般に外交用語はフランス語、業務用語はイタリア語。
- ●元首　ローマ法王（立法、行政、司法の全権を行使）
- ●宗教　キリスト教（カトリック）
- ●国旗　右にえがかれているのは紋章で金と銀のカギ。黄色と白は法王庁の衛兵のぼうしの色に由来する。

　バチカン市国は東京ディズニーランド®（東京ディズニーシー®はふくまず）と同じくらいしか面積がなく、人口も800人程度の世界でもっとも小さな国家です。しかし世界の約180カ国と外交関係があり、立派な主権国家でもあります。鉄道もあり、美しい絵柄の切手でも有名です。国全体が世界遺産に登録されています。

　ただしふつうの国家のあり方とはまったくちがっています。バチカンはキリスト教・カトリックの中心地、いわば「総本山」で、ローマ法王を頂点とする宗教国家。神の代理人とされる法王をあがめる信者は世界に10億人以上いるともいわれ、その影響力は小さなものではありません。

### 広さ比べ・東京ディズニーランド®とバチカン市国

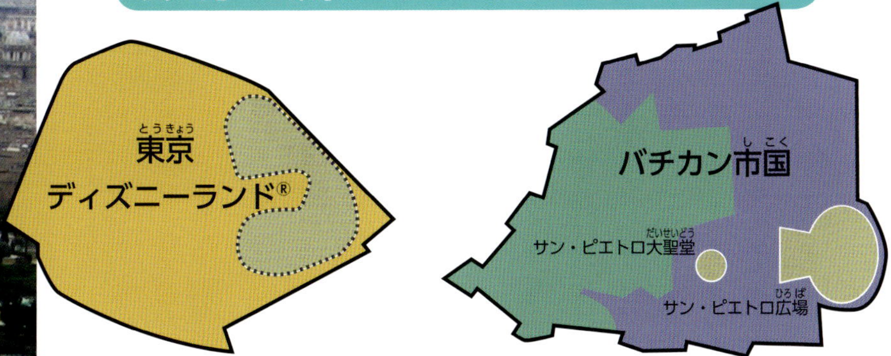

東京ディズニーランド®

バチカン市国
サン・ピエトロ大聖堂
サン・ピエトロ広場

### ここに注目

## ほとんどの人が2つの国籍をもつ

バチカン市民のほとんどは枢機卿・司祭など、カトリックの聖職者や修道士・修道女です。バチカンの市民権（国籍）は職についている間だけあたえられ、職をはなれると返さなくてはなりません。市民権をもっている人も、ほかの国の国籍をもつ二重国籍の場合がほとんどです。

右はカトリックの総本山、サン・ピエトロ大聖堂。世界最大の教会でもある。ドームの建設にはミケランジェロなど多くの芸術家が参加した。上はその内部。多くの観光客がおとずれている。

## もっと知りたい！ バチカン市国の歴史

このような国家が生まれたのは、正式には1929年のことです。ローマ教皇（法王）がイタリア半島ではじめて土地をもったのは、8世紀でした。その後も寄付（寄進）などによって教皇の土地はふえ、ローマから北のイタリア半島の、かなりの部分を支配したこともあります。

イタリア半島はこの教皇領をふくめ、いくつもの小国に分裂していましたが、19世紀、小国同士で、イタリアの統一運動が始まりました。

1861年にイタリア王国が成立すると、ローマ以外の教皇領もイタリア王国に併合され、やがてローマも占領されます。教皇は、バチカンに引きこもりました。1929年、当時権力をにぎっていたムッソリーニと教皇が条約を結び、バチカン市国の成立が認められました。

全長300m。世界一短い鉄道がある。

©2008.Reinhard Dietrich
"Railway station Vatican" ©

# ヨーロッパ

## アルプスと平和の国 スイス

標高4478mのスイス・アルプスのマッターホルン。

アルプスのふもとの町。

　スイスはドイツ、フランス、オーストリアなどにかこまれた内陸国で、アルプスの美しい景色で知られています。「永世中立国」としても有名で、多くの国際機関の本部があります。人口は愛知県と同じくらい、面積も日本の九州より少し大きいくらいです。

　山国のため耕地がほとんどなく、昔は穀物がとれず、貧しい国でした。若者は傭兵としてヨーロッパ各地に出かせぎに行っていましたが、そのなごりで、いまもバチカン市国の衛兵はスイス兵がおこなうことになっています。

　現在は、ほかに観光業、金融業、機械、電子機器、化学製品などが有名です。古くから精密機械工業で知られ、とくに時計では、世界的に知られたメーカーがいくつもあります。

### ●永世中立国スイスの歴史

　スイスは、もともと小さな州（カントン）を政治単位にしています。そのうちのウリ、シュヴィッツ、ウンターヴァルテンの3州が連合し、ヨーロッパの名門王家だったハプスブルク家に戦争をしかけたことから独立戦争が始まりました。15世紀末に独立、1648年に国際的に承認され、1815年のウィーン会議で永世中立が認められました。スイスは、第一次世界大戦後にできた国際連盟に加盟しましたが、中立をかかげながら多くの国際問題に対応することはむずかしく、第二次世界大戦後、新しくできた国際連合にすぐには加盟しませんでした。2002年に国際連合に加盟したものの、EU（欧州連合）やNATO（北大西洋条約機構）には加盟せず、通貨のユーロも導入していません。

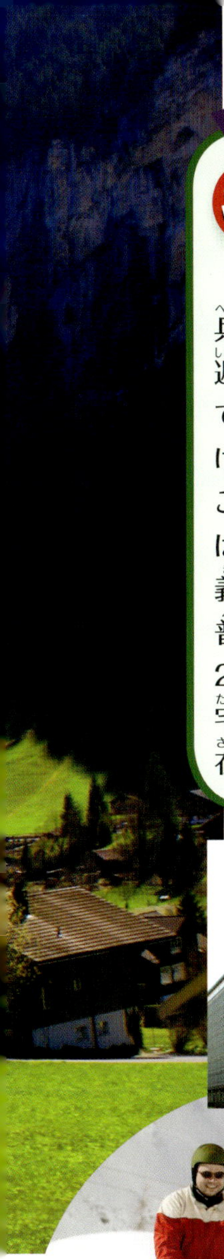

## もっと知りたい！ 武装中立の国

スイスは20歳以上の男性には徴兵制度があります。20歳の時に15週間の訓練を受け、その後36歳まで数年ごとに十数日間の講習を受け、通算で260日間の兵役につくことになっています。核シェルターは、少し前まで新築や改築の際に義務づけられていたこともあり、普及率が100％に近いといいます。20歳で訓練を終えた人は、銃を自宅に保管しています。ただし、現在、弾丸は軍で管理しています。

スイスは「非武装中立」ではなく、軍事力をもつことによって、独立と自由を守ろうとしているのです。

なお「永世中立」とは、自らは戦争をしかけず、参戦もしないことを宣言したものですが、一方的な宣言ではなく、中立条約を結んでいる他国によって中立と独立を保障されています。ある国がスイスにせめこんだら、中立を保障した国はスイスのために協力して排除する義務を負うのです。

伝説の英雄ウィリアム・テルの銅像。スイスがハプスブルク家に支配されていたころ、自分のぼうしに頭を下げなかったテルに怒ったハプスブルク家の役人が、テルの小さな息子の頭にのせたリンゴに自分で矢をはなつ罰をあたえた。テルは、みごとにリンゴを射落としたという。建国の英雄とされているが、実在は証明されていない。

スイスには、国連の機関がたくさんある。写真はジュネーブにある世界保健機関（WHO）本部。

スキーを楽しむ家族。

### ここに注目 4つの公用語がある

スイスではドイツ語、フランス語、イタリア語、ロマンシュ語（レート・ロマンシュ語）という4つの公用語があります。地域によって言語が分かれています。ふだん使う言語のほか、英語とさらにもうひとつの言語を話せる人も多くいます。5世紀から9世紀にヨーロッパに存在したフランク王国が3つに分裂したとき、スイスはちょうどその中間地域にあったことから、言語もいくつかに分かれるようになったのです。

（青は湖）

**スイスの言語分布**
紫：フランス語（19％）、黄：ドイツ語（アレマン語：スイスドイツ語といわれる方言　64％）、緑：イタリア語（8％）、赤：ロマンシュ語ほか（9％）

### 基礎データ

- ●面積　4.1万km²（九州よりやや大きい）
- ●人口　約791万人（2011年）
- ●首都　ベルン
- ●民族　主としてゲルマン民族
- ●宗教　カトリック約41％、プロテスタント約35％
- ●「スイス」の名前は、独立戦争に参加した3州のうちシュヴィッツに由来。意味は「乳しぼり（搾乳者）」という説が有力。
- ●国旗　赤は力と主権を、白い十字架はキリスト教とその精神を表す。正方形が正しい形。

世界文化遺産に登録されているラヴォー地区のブドウ畑。

## ヨーロッパ

### 一人当たりの国内総生産から見て世界一ゆたかな国
# ルクセンブルク

街全体が世界遺産に登録されている旧市街地。

　ルクセンブルクは、ベルギー、フランス、ドイツにかこまれた国。ベルギー、オランダ、ルクセンブルクの3カ国を合わせてベネルクス三国といいます。「小さな城」を意味するリュシリンブルフクが国名の由来です。「小さな城」は中世に急速に発展、その後さまざまな国の支配を受けますが、1867年に独立しました。

　経済的にゆたかで、一人当たりのGDP（国内総生産）は1992年から世界1位を続けていました。ただ、2008年の世界的な経済危機以降、成長はゆるやかになり、海外への借金である対外債務が大きくふくらんでいます。

　現在の欧州連合（EU）の前身は欧州共同体（EC）ですが、そのさらに母体である欧州経済共同体（EEC）は、6カ国でスタート、ルクセンブルクは最初からのメンバーでした。そのため、首都のルクセンブルク市は、いまもベルギーのブリュッセル、オランダのハーグとならぶ国際都市として発展しています。ベルギーやフランス、ドイツなどとなりの国から毎朝通勤してくる人もたくさんいます。

高層ビルが立ちならぶ金融街。海外の銀行を積極的に誘致し、ヨーロッパを代表する金融センターのひとつとなっている。

国が始めた自転車シェアサービス。市内のあちこちに設けられた駐輪場なら、借りた場所以外にも返すことができる。

### 基礎データ
- ●面積　2586km²（神奈川県くらい） 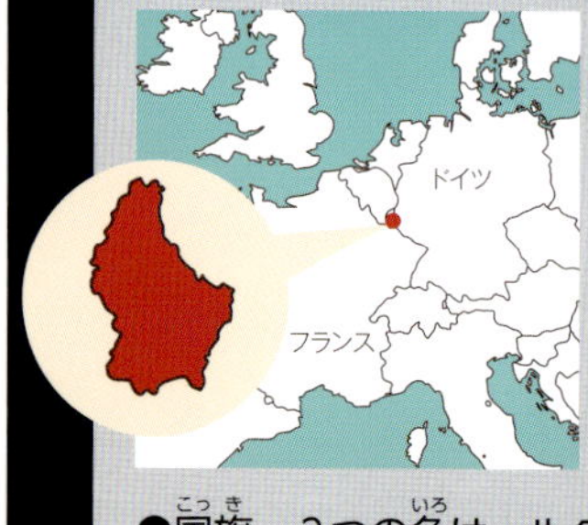
- ●人口　約51.8万人（2011年）
- ●首都　ルクセンブルク
- ●言語　ルクセンブルク語、フランス語、ドイツ語
- ●宗教　国民の大多数はカトリック
- ●教育　4歳からが義務教育。語学教育が重視され、幼稚園でルクセンブルク語、小学校でドイツ語、フランス語を学ぶ。
- ●独立時は永世中立国だったが、第一次、第二次世界大戦で中立を守れなかったため中立をやめ、ヨーロッパの経済・政治・軍事機構に参加している。
- ●国旗　3つの色は、ルクセンブルク家の紋章の色に由来する。かつてオランダの統治下にあったためオランダの国旗と似ているが、青がオランダよりあわい水色。

## ヨーロッパ
### 元首はお金持ちの貴族
# リヒテンシュタイン

リヒテンシュタインは、スイスとオーストリアの間にある人口3.6万人ほどの小国です。当初、「リヒテンシュタイン家」は、中世からヨーロッパで強い勢力をほこったハプスブルク家の臣下でしたが、あたえられた土地のほか一帯の土地を買い、自治権を認められました。いまでも母国の何倍もの土地をオーストリアにもっています。リヒテンシュタイン家はその後も独立を保ち、1866年正式に国家として独立、永世中立を宣言。さらに非武装中立を宣言し、第一次、第二次世界大戦の危機ものりきりました。

かつて強い関係をもっていたオーストリアが第一次世界大戦で敗北してからは、スイスとの関係を密にしています。外交と防衛はスイスに委託し、軍事力をもたず、100名ほどの警察官がいるだけです。

リヒテンシュタインの南に位置するバルザースの街。

### もっと知りたい！タックスヘイブンの国

リヒテンシュタインは「タックスヘイブン」をおこなっているため、裕福で、所得税や相続税はゼロ、消費税も低く、住宅ローンは無利子です。

タックスヘイブンとは、意図的に税金をゼロか、きわめて低くして、外国企業や資産家の資金を誘致している国や地域のことです。実際にはその地で活動していないのに、形だけの本社が置かれている「ペーパーカンパニー」が多く存在します。税金はかからなくても、会社の登録(正式には「登記」)に費用がかかり、企業数が多くなれば人口の少ない国にとっては十分すぎるほどの収入になるため、多くの小国がおこなっています。

ただし、タックスヘイブンは現在、国際的に問題とされ、規制が強化されるようになっています。

### 基礎データ

- ●面積　160km²（小豆島くらい）
- ●人口　約3.6万人（2011年）
- ●首都　ファドゥーツ
- ●民族　主としてゲルマン民族（外国人約33%）
- ●言語　ドイツ語
- ●宗教　カトリック約80%、プロテスタント約8%、イスラム教約5%
- ●第一次世界大戦後の国際連盟に加盟を希望したが、あまりに小さな国という理由で認められなかった。国際連合には1990年に加盟した。
- ●最高権力者は、リヒテンシュタイン家の長である「公爵」で、ヨーロッパのほかの王国の王が象徴・儀礼的存在であるのに対して、強い政治的権限をもっている。
- ●国旗　青は空、赤は人々がつどう暖炉の色、冠の金色は国民と公爵家が精神的に一体であることをしめしている。

公爵の住むファドゥーツ城。裕福な公爵は、国から歳費をもらわず生活している。芸術保護にも熱心で、500年にわたりヨーロッパの名品を収集。個人のコレクションとしてはイギリス王室に次ぐ規模といわれる。

## ヨーロッパ
### 観光客があふれる高地の国
# アンドラ

**基礎データ**
- 面積　468km²（金沢市と同じくらい）
- 人口　約8.6万人（2011年）
- 首都　アンドラ・ラ・ベリャ
- 言語　カタルーニャ語（公用語）、スペイン語、ポルトガル語、フランス語
- 宗教　国民の大多数がカトリック
- 主要産業　観光業、サービス産業、タバコ産業
- 国旗　フランス国旗の青、スペイン国旗の黄、両国共通の赤からとった。中央の紋章は、司教とフォア家の紋章を組みあわせたもの。

標高1409mに位置する首都のアンドラ・ラ・ベリャ。

冬はスキー・スノーボードを楽しみにおとずれる観光客も多い。

　アンドラは、スペインとフランスの間、ピレネー山脈にあり、ヨーロッパでいちばん平均標高が高い国です。1993年に完全な独立国家になったばかりです。
　元首が二人いるというめずらしい国で、フランスの大統領とスペインのカトリック教会の司教の両者が共同元首となっています。1993年、独立と同時に民主的な憲法を採択し、議会制が確立され、共同元首の権限は首相の任命など、儀礼的なものにかぎられるようになりました。

　スペイン語やフランス語も話されていますが、公用語はスペイン北東部の言語であるカタルーニャ語です。
　最大の産業は観光業です。トレッキング、スキー・スノーボード、温泉、また消費税が低いため買い物の目的で、毎年1000万人もの観光客がアンドラをおとずれます。およそ8万6000人の人口に対して、実に110倍以上もの人がおとずれていることになります。

国境沿いに石づくりの家が立ちならんでいる。

### ここに注目

## なぜ、二人の元首？

この国は9世紀、フランク王国のカール大帝が、現在のスペイン、カタルーニャ地方のウルヘル司教区の司教にアンドラの主権をあたえたことに始まります。その司教の臣下であったカンブエット家が、司教から裁判権などの権利をゆずりうけ、それがさらにフランスのフォア家に移りました。その後、フォア家とウルヘル司教の間で争いが起こります。

1278年、両者は和解し、両者が対等の共同統治をすることになりました。ウルヘル司教の権利は今日までそのまま続いている一方で、フランスではフォア家から、ブルボン家を経て今日のフランス共和国までその権利が受けつがれています。つまり、フランスの大統領もこの地を統括する権利をもっていることになります。

実は、これに準ずる小国家はピレネー山脈周辺にたくさんあったのですが、フランスとスペインの中央集権化の過程で、どちらかの国に吸収されていきました。アンドラは2つの国家にはさまれて残った、めずらしい国家ということになります。

### もっと知りたい！ 司教とは？

司教とは、キリスト教のカトリックの位で、ある司教区を監督する人のことです。司教区（教区ともいいます）とは一定地域にある教会をまとめた、地域を区分する単位です。たとえば日本は、16の司教区に分かれています。

アンドラのウルヘル司教。

タバコ農園。タバコはおもな産業のひとつだ。

## ヨーロッパ

### 世界最古の共和国
# サンマリノ

©2005. Fdecomite "San Marino Castle" ⓒ

　サンマリノは、周囲をすべてイタリアにかこまれた、世界で5番目に小さな国です。人口は3万人あまり。日本では「市」になるには人口5万人が目安とされているので、サンマリノが日本の市町村であれば「町」になります。

　現在、世界のほとんどの国は共和制を採用していますが、サンマリノは共和制の国で世界最古です。1700年もの間共和制を維持してきた国はほかにはありません。共和制とは、王様がおらず、国民の手で民主的に政治をおこなうことをいいます。一方、王様がいる国を君主制国家といいます。ただ現在は、イギリスやオランダ、スペインなどの王様がいる国の多くでも、民主政治がおこなわれています。

　サンマリノは中世をつうじて、イスラム教徒やノルマン人、さらには周辺の領主たちの攻撃を受けてきましたが、それにたえ、1631年になってローマ教皇から独立を認められました。国際的には1815年のウィーン会議で承認されました。

　国防や外交、教育、医療などはすべてイタリアに依存しており、イタリアの保護国のような存在です。また、国民の多くが顔見知りで、裁判で公平を保つのがむずかしいため、裁判官をイタリア人に依頼しています。

　観光地としても魅力的ですが、消費税がかからないので、買い物を目的におとずれる人もたいへん多くいます。

　平均寿命が長いことでも知られています。

ティターノ山のふもとの町ボルゴ・マッジョーレ。

3つのとりでのひとつ、グアイタのとりで。

## ここに注目 独立を守った地形

サンマリノが長い間独立を保てたわけは、その地形にあるといわれています。サンマリノは、国全体が山岳地帯にあります。標高700mのティターノ山を中心に、国全体が要塞のようになっていて、中世にも外敵の侵入を防ぎ、自由と独立を守り続けました。山頂に3つのとりでを築き、侵略されにくくしています。

サンマリノの市庁舎。

©2007.Andreas Trepte "Parliament of San Marino" ©

## もっと知りたい！ 国家元首の任期は半年

政治の最高議決機関は国会にあたる「大評議会」で定員は60人。権力の集中を防ぐため、行政の長である執政は大評議会から2名任命され、ともに国家元首となります。

国家元首である執政の任期は半年と、極端に短いのが特徴です。ひとりの執政が長く権力の座について、独裁になることを防ぐためで、古代ローマの共和制時代の制度を継承しています。長い間この制度を維持しているので、国のトップが半年ごとにかわることで国民が不安になることはありません。

## 基礎データ

- ●面積　61km²（八丈島くらい）
- ●人口　約3.2万人（2011年）
- ●首都　サンマリノ
- ●言語　イタリア語
- ●宗教　カトリック
- ●国旗　紋章は、ティターノ山の3つの峰、3つの城塞が王冠、月桂樹（向かって左）、柏の葉（右）でかこまれている。下には「自由」の文字。白はティターノ山の雪と純粋さ、水色は空とアドリア海を表す。

### 平均寿命ランキング

| | 男 | | | 女 | |
|---|---|---|---|---|---|
| 1位 | サンマリノ | 82歳 | 1位 | 日本 | 86歳 |
| 2位 | オーストラリア | 80歳 | 2位 | アンドラ | 85歳 |
| | アイスランド | | | フランス | |
| | イスラエル | | | モナコ | |
| | 日本 | | | サンマリノ | |
| | スイス | | | スペイン | |
| 7位 | アンドラ | 79歳 | 7位 | オーストラリア | 84歳 |
| | カナダ | | | アイスランド | |
| | イタリア | | | イタリア | |
| | ニュージーランド | | | シンガポール | |
| | ノルウェー | | | スイス | |

（193カ国中、世界保健機関、2012年発表）

# ■ヨーロッパ

## ユーゴスラビアから分離独立した一国家
## モンテネグロ

コトルの街並み。観光客の数も増えている。

夏はアドリア海のビーチが海水浴客でいっぱいになる。

©2006. Jason Rogres "Kotor, Montenegro"

モンテネグロはイタリアのベネチアの方言で「黒い山」という意味です。この地の人々は、かつてオスマン帝国にせめられたとき、西部の山岳地帯にのがれて抵抗を続け、実質独立状態を維持しました。その国を守った黒い岩山が由来です。1852～1910年にはモンテネグロ公国、その後1918年にセルビアと合体するまではモンテネグロ王国として存在しました。第一次世界大戦後はユーゴスラビアの一地域となり、2006年に再び独立しました。

### ●ユーゴスラビアの解体

かつて、ユーゴスラビアという大きな国が、東ヨーロッパに存在しました。1963年からはユーゴスラビア社会主義連邦共和国という6つの共和国からなる連邦国家となり、各地域には一定の自治権が認められていました。現在6つはそれぞれ独立し、スロベニア、クロアチア、ボスニア・ヘルツェゴビナ、セルビア、モンテネグロ、マケドニアとなっています。6つの国の中でもっとも小さい国がモンテネグロです。

ユーゴスラビアは5つの民族からなる国家でした。多民族とはいえ同じ南スラブ系なので、結合をめざして生まれたのです。しかし、宗教はカトリック、ギリシャ正教、イスラムと3つ、言語も4つあり、統治は困難でした。カリスマ的指導者チトーが統治する間は、うまくたばねられていましたが、1980年のチトーの死後、結束がゆるみ始めます。いくつもの内戦を経て、次々と国が分離していき、残ったモンテネグロも独立を要求、2003年にセルビア・モンテネグロと名前を変え、ゆるやかな共同国家となりましたが、2006年、国民投票によってモンテネグロの独立が決定しました。

アドリア海に面した都市ヘルツェグ・ノヴィの裏通り。モンテネグロの旧都市にはせまい路地が多い。

世界遺産に登録されている都市、コトル。国の名前となった黒々とした山にかこまれている。

## 旧ユーゴスラビアから独立した国々

セルビアの自治州であったコソボが、2008年に独立を宣言。しかし、コソボを承認している国は少数に留まっている。コソボはモンテネグロよりさらに小さい。

基礎データ

- ●面積　1万3812km²（福島県とほぼ同じ）
- ●人口　約63.2万人（2011年）
- ●首都　ポドゴリツァ（人口15万人）
- ●民族　モンテネグロ人（40％）、セルビア人（30％）、ボスニア系イスラム教徒（9％）、アルバニア人（7％）など
- ●言語　モンテネグロ語（公用語）、セルビア語、ボスニア語など
- ●宗教　キリスト教（正教）、イスラム教など
- ●国旗　2つの頭をもつ鷲の紋章は、1910年から1918年まで存在した、モンテネグロ王国のニコラ1世の紋章をもとにしている。

### もっと知りたい！
#### ユーゴスラビアの解体とそれにともなう内戦

クロアチアやボスニア・ヘルツェゴビナのようにセルビア人が多く住んでいた国においては、独立にあたって、セルビア人が少数民族になることをおそれて武力で抵抗し、紛争になりました。マケドニアにはセルビア人がほとんどいなかったため紛争はなく、またスロベニアにもセルビア人が少なかったため、紛争はすぐに終わりました。なお、セルビア人とモンテネグロ人は言葉や文化においてはほとんどちがいがありません。

①**スロベニア戦争（十日間戦争）**（1991年）スロベニアが独立。10日で解決。

②**マケドニア独立**（1991年）紛争なし。

③**クロアチア紛争**（1991年 - 1995年）
　クロアチアの独立後、国内のセルビア人が抵抗して起こした内戦。

④**ボスニア・ヘルツェゴビナ紛争（ボスニア紛争）**（1992年 - 1995年）
　ボスニア・ヘルツェゴビナが独立を宣言したが、セルビア人が反対。翌月には軍事衝突に発展した。死者20万人、難民・避難民200万人が発生。第二次世界大戦後のヨーロッパで最悪の紛争となった。

⑤**コソボ紛争**（1998年 - 1999年）
　独立をめざすアルバニア人と阻止したいセルビア人の戦い。NATOによる大々的な空爆もおこなわれた。2008年、独立を宣言。日本、アメリカなど90カ国以上が承認しているが、国連への加盟はできていない。

## ヨーロッパ

### 地中海に浮かぶ要塞の島
# マルタ

首都のバレッタ。市全体が要塞となっていて、世界遺産に登録されている。

マルタは、イタリア半島に隣接したシチリア島の南にあります。歴史的にはローマ帝国、イスラム帝国、ノルマン人、スペイン、とさまざまな国や民族に支配され続けましたが、16世紀から聖ヨハネ騎士団（後のマルタ騎士団）が統治します。ナポレオンに占領された後、19世紀からはイギリスに支配され、1964年独立、1974年からイギリス連邦内のマルタ共和国となりました。

石灰岩が産出されるだけで、エネルギー資源はなく、また山も川もないため、飲み水はイタリアから輸入しています。

**基礎データ**
- 面積　316km²（淡路島の約半分）
- 人口　約41.6万人（2011年）
- 首都　バレッタ
- 言語　マルタ語および英語が公用語
- 宗教　カトリック
- 主要産業　製造業（おもに、半導体、繊維、造船、船舶修理）、観光業
- 国旗　左上の紋章は、イギリスから第二次世界大戦での功績に対しておくられた勲章（ジョージ勲章）。白は純血と正義、赤は情熱と犠牲を表すとされる。

首都バレッタは坂の多い街だ。

### もっと知りたい！　マルタ騎士団とは？

マルタ騎士団は、かつて聖地エルサレムの防衛をしており、「聖ヨハネ騎士団」といいました。聖ヨハネ騎士団は中世の修道士かつ騎士である団体で、中世社会の理想とされる最高の存在でした。マルタの地形を活かして堅固な要塞をつくり、オスマン帝国からの攻撃を4カ月ほどで撃退したことが有名です。

# ヨーロッパ

## 南北に分断されたトルコの南にある島
# キプロス

首都ニコシア。

ギリシャ神話の女神アフロディーテ誕生の地として知られる海岸、ペトラ・トゥ・ロミウ。

16世紀からおこなわれているキプロスカーニバルパレードで、海賊の衣装を着て参加する人たち。

　地中海の東の端、トルコの南に位置するキプロス（正式名：キプロス共和国）は、リゾート地です。ヨーロッパ、アジア、アフリカを結ぶ場所だったことから、歴史遺産も多く、北ヨーロッパの人たちなど、年間250万人もの観光客がおとずれます。

　キプロスにはもともとギリシャ系住民が多く住んでいましたが、16世紀にオスマン帝国に占領されてから、多くのトルコ系住民が流入しました。その後イギリス領になり、1960年に独立しましたが、80％をしめるギリシャ系と19％のトルコ系住民の対立が激しくなります。1974年、クーデターをきっかけに、トルコ軍が軍事介入して北キプロスを占領し、1983年には北キプロス・トルコ共和国として独立宣言をしました。現在、この地域をトルコ軍が実効支配していますが、トルコ以外に、ここを国家として認めた国はまだありません。この地域は、ヨーロッパとトルコの対立の象徴のような存在となっています。

　キプロスは、アジアに分類されることもありますが、EU加盟国です。

### 基礎データ

- ●面積　9251km²（四国の約半分）
- ●人口　約112万人（2011年）
- ●首都　ニコシア
- ●民族　ギリシャ系、トルコ系、その他（マロン派、アルメニア系など）
- ●言語　公用語は現代ギリシャ語、トルコ語（このほか、英語が広く用いられている）
- ●宗教　ギリシャ正教、イスラム教、その他（マロン派、アルメニア教会など）
- ●古代オリエント時代、銅を輸出していた。英語のcopperという言葉はキプロスを語源にしている。
- ●国旗　中央はキプロス島の形。黄土色はキプロス特産の銅を表す。2本のオリーブの枝は、南のギリシャ系住民と北のトルコ系住民の協調と平和をねがうもの。

# アフリカ
## ダイヤモンドで紛争が起こった国
# シエラレオネ

内戦で破壊された学校。多くの学校が被害にあった。

シエラレオネの国名は、「ライオンの山」を意味します。1462年にポルトガル人が上陸したとき、その形がライオンに似ていることから名づけたといわれます。

17世紀に入ると、イギリスによって大西洋における奴隷貿易の拠点が設けられ、多くの人たちが奴隷として売られていきました。

イギリスは、18世紀後半から奴隷解放運動がさかんになると、現在の首都フリータウンに奴隷を住まわせ、解放奴隷のための居住地「自由の町」(フリータウン)を建設しました。1808年にシエラレオネはイギリスの植民地になり、1833年には奴隷制度そのものが廃止になります。フリータウンはさらに開発が進み、シエラレオネは1961年に独立をはたしました。

### もっと知りたい！ 奴隷貿易とは？

人格を認めず奴隷として人間を売買することを奴隷貿易といい、スペイン、ポルトガル、オランダ、イギリス、フランスなどの国により、16世紀から19世紀までの400年間にわたっておこなわれました。西アフリカの黒人を多数とらえ、船につめこみ、南北アメリカ大陸や西インド諸島に運び、農園などで苛酷な労働を強いたのです。

西ヨーロッパの綿製品、酒類、武器などをアフリカ西海岸で奴隷と交換。そして西インド諸島やアメリカ大陸で、つれてきた奴隷との交易によって砂糖や綿花を買い、西ヨーロッパにもどるという形をとったことから、「三角貿易」ともよばれました。三角貿易は、18世紀になって奴隷解放運動が起こり、各国で奴隷貿易禁止令が出るまで続きます。

56ページで紹介するバハマやジャマイカ、58ページの小アンティル諸島、60ページのスリナムなどにも、アフリカからつれてこられ、強制労働をさせられた奴隷の歴史があります。

1991年から10年あまり続いた内戦により、栄養・衛生状態が悪く、子どもの死亡率が高いことが問題となっています。

## ここに注目　ダイヤをめぐって悲惨な内戦が続いた

おもな産業は、ダイヤモンドなどの鉱業と、カカオやコーヒーなどの農業です。この国で産出されるダイヤは品質がよいことで知られています。しかし、このダイヤを産出する権利をめぐって激しい内戦が起こり、1991年から2002年まで続きました。反政府軍は、大人だけでなく子どもの手足を切る、目をえぐるなど、残虐な行為を繰り返し、史上最悪の紛争ともいわれました。兵士として使われた子どもは4000人にものぼったといわれます。

反政府軍はダイヤモンドを密輸したお金で武器を買っていたため、密輸されたダイヤを買うことは紛争に加担することから「紛争ダイヤモンド」ともよばれました。

いまは内戦が終わり、となりの国にのがれていた難民ももどり、復興にむけて道路、水道、電気などのインフラの整備が進んでいます。

ダイヤモンドの採掘はシャベルとふるいがあればできる。外国企業が採掘した跡地で、学費や家族の食費をかせぐためにダイヤモンドをさがす子どもたちもいる。1日はたらいても100円か200円ほどしかもらえない。

カーテンを着て笑う女の子。まだ人々の生活は貧しい。

国の東部に位置するコイドゥ。近くにダイヤモンド鉱脈があり開発が進められたが、戦場となって荒廃した。

## 乳幼児の死亡率 （出生1000人当たりの年間死亡数、2010年）

| | 1歳未満の死亡率 | | 5歳未満の死亡率 | |
|---|---|---|---|---|
| 1位 | シエラレオネ | 114 | ソマリア | 180 |
| 2位 | コンゴ民主共和国 | 112 | マリ | 178 |
| 3位 | ソマリア | 108 | ブルキナファソ | 176 |
| 4位 | 中央アフリカ共和国 | 106 | シエラレオネ | 174 |
| 5位 | アフガニスタン | 103 | チャド | 173 |
| 6位 | マリ | 99 | コンゴ民主共和国 | 170 |
| 6位 | チャド | 99 | ハイチ | 165 |
| 8位 | アンゴラ | 98 | アンゴラ | 161 |
| 9位 | ブルキナファソ | 93 | 中央アフリカ共和国 | 159 |
| 10位 | モザンビーク・ギニアビサウ | 92 | ギニアビサウ | 150 |

赤字はアフリカの国。（世界子供白書2012）

## 基礎データ

- 面積　7万2300km²（北海道より少し小さい）
- 人口　約600万人（2011年）
- 首都　フリータウン
- 民族　メンデ族、テムネ族、リンパ族、クレオール（黒人と白人との混血）
- 言語　英語（公用語）、メンデ語、テムネ語など
- 宗教　イスラム教60％、キリスト教10％、アニミズム信仰30％
- 国旗　緑は農業と自然資源と、内陸部の代表的な地形である丘陵地域を表し、青は大西洋とフリータウンの港を、白は平和と正義を表す。

「自由の町」フリータウンは、人口183万人の大都市。

# ■アフリカ

## 石油が発見され、急成長した国
# 赤道ギニア

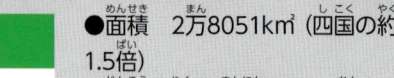
タロイモのプランテーション。

首都マラボ。ギニア湾にうかぶビオコ島にある。1995年には人口3万人だったが、現在は10万人に達したといわれる。
©2007. Ipisking "the city of Malabo" ©

### 基礎データ
- ●面積　2万8051km²（四国の約1.5倍）
- ●人口　約72万人（2011年）
- ●首都　マラボ
- ●民族　ファン族、ブビ族、コンベ族、ベレンゲ族など
- ●言語　スペイン語（公用語）、フランス語（第2公用語）、ポルトガル語（第3公用語）、ファン語、ブビ語
- ●宗教　キリスト教（99％）、伝統宗教
- ●国旗　青は大西洋を、緑は農業と天然資源を、白は平和を、赤は独立戦争で流された尊い血を表す。中央の紋章はパンヤの木。上にある6つの星は大陸部と5つの島を表す。

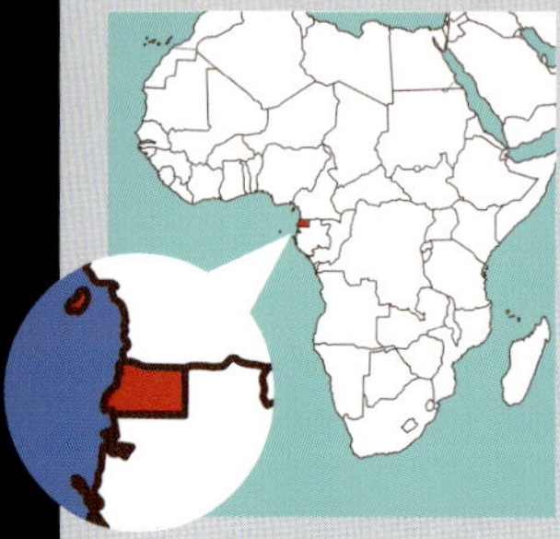

　赤道ギニア（正式名：赤道ギニア共和国）は、西アフリカ、ギニア湾に面した、その名のとおり赤道直下の小さな国です。ギニア（正式名：ギニア共和国）という名前の国がありますが、ちがう国です。首都はギニア湾に浮かぶビオコ島にあるマラボ。大陸部分をもっていながら島に首都があるのは、デンマーク（首都はシェラン島にあるコペンハーゲン）と、この赤道ギニアだけです。

　15世紀後半にポルトガル人がビオコ島に上陸、ポルトガル領となった後、スペイン、イギリスと支配者がかわり、その後、奴隷貿易の中継地となりました。そして再びスペイン領になると、現地住民がカカオプランテーションで強制的に働かされ、そのため大規模な反乱が起こりました。1958年、スペインの海外州となり、住民は本国と同等の市民権を獲得、1968年に独立しました。1992年にビオコ島沖で油田が発掘されると、欧米の石油会社が次々と進出。首都マラボを中心に急速に発展しています。

## ここに注目
### 驚くほどの経済成長率

　赤道ギニアでは1995年に石油の生産を始めてから、生産量を急速に増やし、1995年の2.5万トンから、2008年には1825万トンまで、増加しました。毎年高い経済成長をしており、1997年には、150％という驚異的な成長率を記録しました。1991年から2010年までの一人当たりのGDP成長率は世界一となっています（2位は中国）。企業や外国からの移民がマラボに集中するようになり、道路や港なども整備され、都市の規模も拡大しています。

　ただ、石油ブームの恩恵にあずかっているのは一部の富裕層だけで、貧富の差は大きく、国民の大半は貧しい生活を送っています。

熱帯雨林に生息するマンドリル。
©2007. Pkuczynski "Mandrillus sphinx" ©

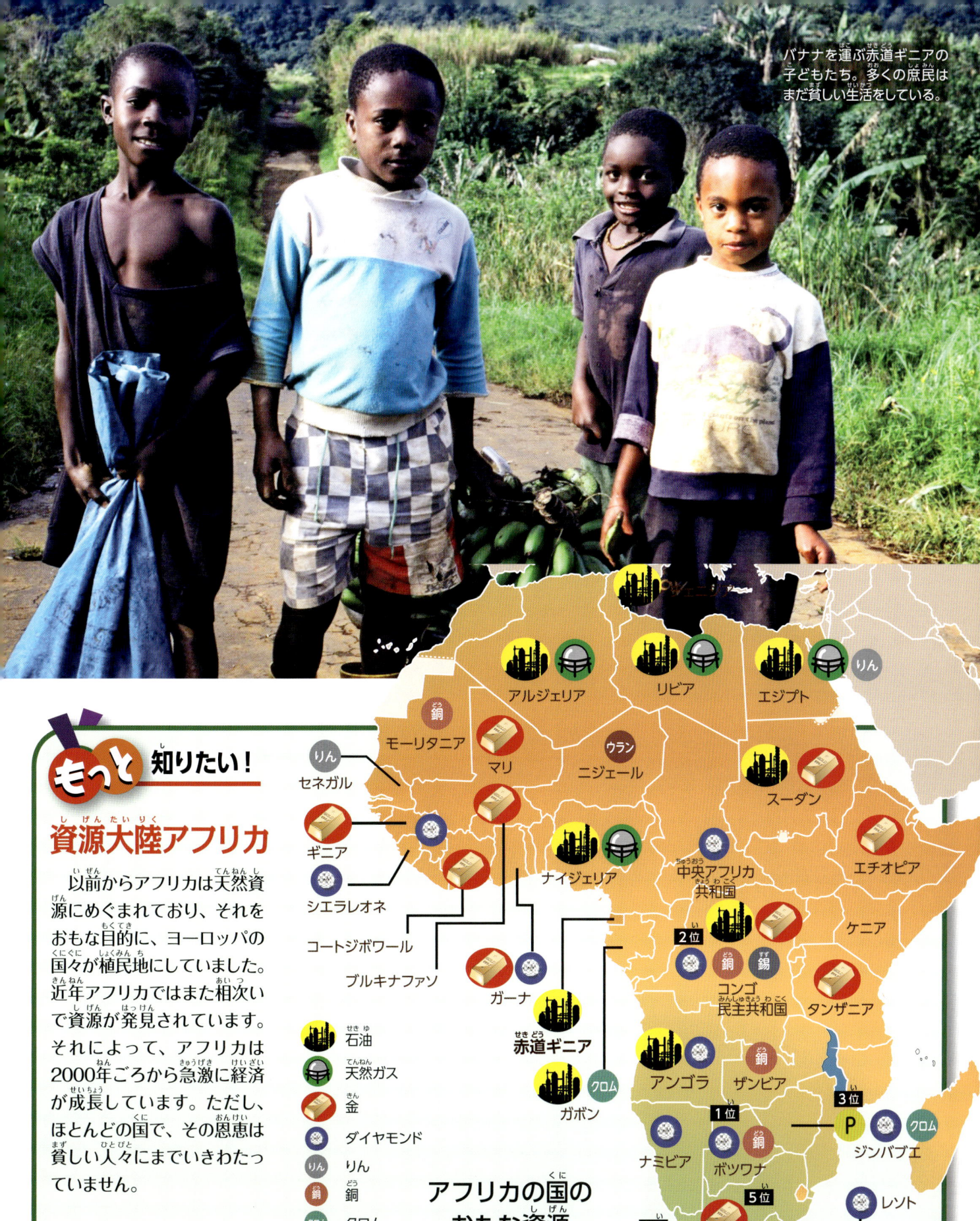

バナナを運ぶ赤道ギニアの子どもたち。多くの庶民はまだ貧しい生活をしている。

## もっと知りたい！

### 資源大陸アフリカ

以前からアフリカは天然資源にめぐまれており、それをおもな目的に、ヨーロッパの国々が植民地にしていました。近年アフリカではまた相次いで資源が発見されています。それによって、アフリカは2000年ごろから急激に経済が成長しています。ただし、ほとんどの国で、その恩恵は貧しい人々にまでいきわたっていません。

アフリカの国のおもな資源
（順位は世界での産出量）

- 石油
- 天然ガス
- 金
- ダイヤモンド
- りん
- 銅
- クロム
- すず
- P プラチナ

USGS「Mineral Yearbook,2013.1」およびBP「Statistical Review of World Energy,2013」をもとに作成。

# アフリカ
## アフリカのスイス
# レソト

**基礎データ**

- 面積　3万355km²（九州の約0.7倍）
- 人口　約220万人（2011年）
- 首都　マセル
- 民族　バソト族
- 言語　英語（公用語）、ソト語
- 宗教　大部分がキリスト教
- 主要産業　農業、牧畜業
- 国旗　2006年に制定された新しい国旗。青は空と雨を、白は平和を、緑は豊かな国土を象徴する。中央は独立当時の国旗にあったソト人のぼうし。

海抜3300mを超すマルチ山で、馬や羊が放牧されている。

小学校で学ぶ子どもたち。
©2006.Michael Denne"Class in Ha Nqabeni primary school, Lesotho"

南アフリカ共和国にかこまれ、海抜1600〜3000m、山の上に広がる美しい王国レソトは、その景色、また同じ内陸国であることから、「アフリカのスイス」ともよばれています。一国に四方をかこまれた国家は、この国と、バチカン市国、サンマリノの3カ国だけです。

山脈にかこまれ水が豊富なことから、「水」が主要輸出品です。20世紀末には大規模な水力発電所も完成して、現在はアフリカ最大の河川開発事業の本拠地となっています。ただし、ほかにはめだった産業がなく、耕地が少ないため、慢性的な食糧不足となっています。そのため、多くの労働者が南アフリカ共和国に出かせぎに行っています。

国土すべてがドラケンスバーグ山脈に位置する。「南部アフリカの屋根」ともいわれている。

### もっと知りたい！ レソトの歴史

「レソト」は「ソト語を話す人々」という意味。19世紀初頭に初代の王モショエショエ1世が、競合していたサン族を排除し、ソト族の長となりました。その後オランダ系の白人の侵入に対抗するため、王国はイギリスの保護下に入りました。1966年にイギリスから独立、その後、立憲君主制の王国となり、非同盟中立を宣言しています。

©2005. KlausF "Giants Castle Panorama Small"

レソトから南アフリカ共和国にぬける標高2874mのサニ峠。

毛布をコートがわりにする子ども。

家の外でくつろぐ人たち。

### ここに注目

**女性の識字率が高いのはなぜ？**

1966年の独立直後から教育、特に初等教育に力を入れていて、女性の識字率は2001年時点で90.3％に達します。一方、男性の識字率は71.3％。これは、男の子が放牧の労働力として組みこまれているためです。女性の識字率が男性を上回るのは、世界でもめずらしいようです。

● 貧困問題

後発開発途上国として、貧困問題をかかえています。失業率が高く、干ばつによる食糧不足、HIVの蔓延などにより人口の43％もの人が貧困ライン（1日1.25ドル以下で暮らす状態）未満で生活を送っています。また、レソトのHIV感染率は23.6％で、スワジランド、ボツワナに続き第3位です（15歳位〜49歳、2009年）。4人から5人に一人がHIVウイルスに感染していることになります。エイズが流行したこともあって、平均寿命は2004年に35歳にまで低下しました（2010年には、治療が進んだおかげか、47.4歳に回復しました）。

日本はODA（政府開発援助）により、食糧援助、小中学校の建設、経済発展のための無償資金供与などで協力しています。

**1日1.25ドル以下で生活しているアフリカの国**

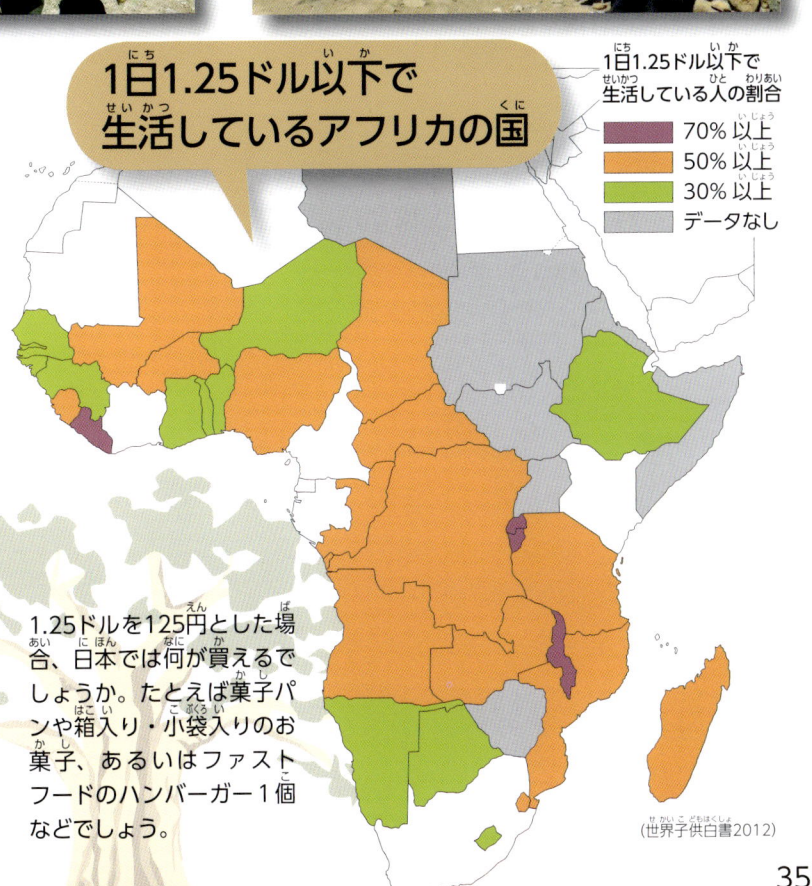

1日1.25ドル以下で生活している人の割合
- 70％以上
- 50％以上
- 30％以上
- データなし

1.25ドルを125円とした場合、日本では何が買えるでしょうか。たとえば菓子パンや箱入り・小袋入りのお菓子、あるいはファストフードのハンバーガー1個などでしょう。

（世界子供白書2012）

# アフリカ

## 50度を超えることもある暑い国
# ジブチ

ジブチ港のマフマード・アルビ広場。さまざまな人々が市場に集まる。
©2007. Driss "Place Mahmoud Harbi" ©

### 基礎データ

- ●面積　2万3200km²（四国の約1.3倍）
- ●人口　約90.6万人（2011年）
- ●首都　ジブチ
- ●民族　ソマリア系イッサ族（50%）、エチオピア系アファール族（37%）など
- ●言語　アラビア語、フランス語
- ●宗教　イスラム教（94%）など
- ●国旗　青はソマリア系イッサ族、緑はエチオピア系アファール族を、白は2つの部族の統一と団結を表し、星は国の独立を、赤は流された血を表す。

　ジブチはアフリカ北東部、また紅海の入口にあり、1977年に独立したアフリカでも4番目に若い国です。アフリカと外国を結ぶ中継貿易が経済の中心で、ジブチ港の貿易とジブチ鉄道による収入、フランス軍などの駐留による利益がおもな収入源になっています。

　国土の大半は砂漠で、夏の最高気温は50度を超えることもあり、世界でもっとも暑い国のひとつです。日本でもまれに40度を記録することがありますが、さらに10度も上回るのです。そのため、会社は朝7時ごろに始まり、暑さのピークをむかえる前の午後1時ごろに終わるところが多く、昼食をとって昼寝をし、夕方からふたたび出かけるという生活習慣です。お店も日中は閉め、夕方から夜まで営業します。

### ここに注目
### 日本の自衛隊の基地がある

　2005年ごろから、インド洋のソマリア沖で海賊による被害が、多発するようになりました。ソマリアの海賊は、昔の海賊のように物をうばったり人を殺傷したりするのではなく、人質をとって船会社に身代金を要求することをくりかえしています。日本は、経済や国民生活にとって不可欠な石油のほとんどを中東からインド洋を経て運んでいます。そこで2011年、ソマリア沖の海賊から日本の船を護衛するため、日本の自衛隊にとってはじめての海外基地がジブチにできました。この海域を通る船をソマリアの海賊から守る各国の護衛艦の多くも、ジブチを寄港地としています。

ジブチの国土のほとんどは砂漠だ。あちこちでラクダを放牧している。

ジブチ港はインド洋や紅海の重要な港のひとつ。エチオピアの海上貿易のほとんどをになっている。

## ジブチと東京の12カ月の気温比較 (各月の平均最高気温)

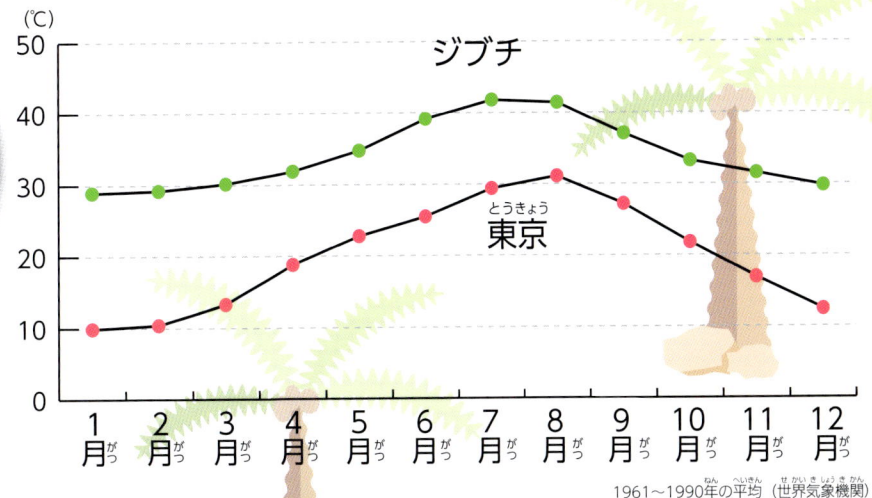

1961～1990年の平均（世界気象機関）

## もっと知りたい！
## フランス領だった

　アフリカは、かつて多くがヨーロッパの国々の植民地でした。なかでもイギリスとフランスが、その大半を植民地にしていました。
　帝国主義時代、アフリカではイギリスは「縦断政策」、フランスは「横断政策」という言葉でしめされるような領土拡大策をとりました。横断政策の東の拠点がジブチで、1977年までフランス領でした。そのため、ジブチ文化はフランスの影響を強く受けています。フランスパンを好んで食べ、アラビア語とともにフランス語が公用語となっていて、学校の授業もフランス語でおこなわれます。
　アフリカ市場が注目される現在は、フランスに加え、中東やインド、アメリカなどから資本や人が入りつつあります。

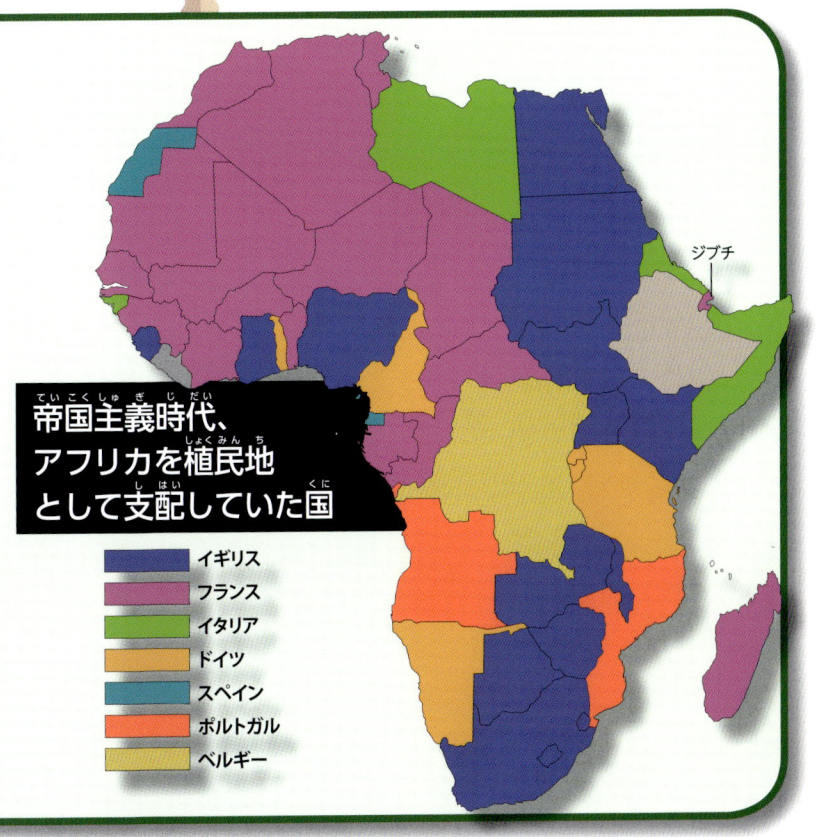

### 帝国主義時代、アフリカを植民地として支配していた国

- イギリス
- フランス
- イタリア
- ドイツ
- スペイン
- ポルトガル
- ベルギー

## 中東

## ユダヤ人が建設した国
# イスラエル

ユダヤ人にとってもっとも神聖ないのりの場所、なげきの壁。ユダヤ教の礼拝の中心地であったエルサレム神殿のうち、現存する部分。左の黄金のモスクは、エルサレム神殿の跡地に立つイスラム教の「岩のドーム」。

　中東のパレスチナにある国家。現代のイスラエルは、「シオニズム運動」（故郷をもたずにはなればなれになっていたユダヤ人が、祖国に復帰しようとする運動）の結果、1948年、ユダヤ人により建国されました。一方で、土地を追われたパレスチナ人の抵抗運動は、現在も続いています。

　イスラエルは、エルサレムを首都と主張していますが、これを認めない国もあり、国連などはテルアビブをイスラエルの首都とみなしています。エルサレムは、イスラム教、キリスト教、ユダヤ教の3つの宗教の聖地です。

　小国ながら世界有数の技術大国で、とくにハイテクの分野でトップクラスの技術をほこっています。また会社をおこす「起業」がさかんなのも特徴です。

### 基礎データ

- ●面積　2万2072km²（四国くらい）
- ●人口　約777万人（2011年）
- ●首都　エルサレム（日本をふくめ、国際的には認められていない）
- ●民族　ユダヤ人（約75.4％）、アラブ人その他（約24.6％）
- ●言語　ヘブライ語、アラビア語
- ●宗教　ユダヤ教（75.4％）、イスラム教（17.3％）、キリスト教（2.0％）、ドルーズ（1.7％）など
- ●主要産業　鉱工業（情報通信、ハイテク、医療・光学機器、ダイヤモンド加工、化学製品、繊維など）、金融・サービス業
- ●国旗　中央の星は「ダビデの星」といわれ、ユダヤ人の伝統的なシンボル。青と白の色は、ユダヤ教の高僧の肩かけの色、また青はパレスチナの空、白はイスラエル人の清い心を表す。

キリスト教徒にとって聖地のひとつである聖墳墓教会。キリストの墓とされる場所に立つ。

プリム祭で変装して楽しむ子どもたち。プリム祭とは、ユダヤのこよみでアダル月とよばれる月（2～3月ごろ）の14日におこなわれるお祭りで、仮装パーティーをしたり、「ハマンの耳」というクッキーを食べたりする。

## ●教育システムと兵役

　イスラエルの教育制度は小学校6年、中学校3年、高校3年の6-3-3制です。日本と大きくちがうのは、イスラエルには徴兵制度があること。18歳から、男性は3年間、女性は21カ月間の兵役義務があります。大学への進学は通常、兵役後になります。

## もっと知りたい！ ユダヤ人の歴史

　ユダヤ人は、紀元前1000年ごろ、イスラエル王国を建設。500年ほどでいったんほろび、紀元前2世紀の中ごろに再建されますが、これも1世紀の中ごろには滅亡し、以後1900年ほど国家をもたない民族でした。その間、キリスト教が圧倒的に強くなってしまったために、キリストを裏切ったということでユダヤ人は国をもてないだけでなく、各地で迫害を受け続けました。その迫害の中でも最大のものは1930年代からドイツのヒトラー政権のもとでおこなわれたもので、アウシュヴィッツやその他の強制収容所で500万人ともいわれるユダヤ人が虐殺されました。

　19世紀からヨーロッパで始まっていたシオニズム運動が、第二次世界大戦後大きく広がり、1947年、パレスチナ分割案が国連総会で可決され、1948年イスラエル国が建国されました。

　周辺のアラブ国家にとって、これは認められないということで、現在までに4回もの中東戦争がおこなわれました。敗れれば国家をなくすことになるイスラエルは、アメリカの支援もあり、国土を守っています。

## ここに注目

### イスラエルの農業

　国土の60%が砂漠で、全体的に乾燥地という悪条件の中、長年の努力で少ない水を最大限に使う効率的な農業をおこなっています。いまや自給率90%、ヨーロッパに輸出するほどで、ほかのアラブ諸国とは比較にならない生産性をほこっています。少ない水を有効に使うため、土壌や根に直接、少しずつ水をあたえる「点滴農法」もおこなっています。農業はIT、観光とならぶ産業となっています。

点滴農法によるブドウ栽培。地面近くに「点滴」用のチューブがとおっている。

## 中東

### 石油にめぐまれた中東の島国
# バーレーン

中東を代表する金融センターのひとつである首都マナーマの中心部には、高層ビルが立ちならぶ。手前の道路はバーレーンとサウジアラビアを結ぶ海上橋、キング・ファハド・コーズウェイ。

　バーレーンは、石油が豊富にとれる中東のペルシャ湾にうかぶ島国で、バーレーン島をはじめ33の島々から構成されています。大きさは東京23区と川崎市を合わせたくらいで、サウジアラビアとは橋でつながっています。

　中東でもっとも早く石油の採掘をおこなった国で、石油産業を中心に発展してきました。オイルマネーのおかげで国民の所得税はゼロ。しかし、埋蔵量は多くないため、枯渇後の戦略が練られており、金融業や観光業にも力を入れています。

　イスラム国としては開放的な政策がとられています。アルコールも許可されているため、週末になると、禁酒の国サウジアラビアから多くの人がおとずれます。女性のファッションにも寛大です。

### 基礎データ

- 面積　758km²（東京23区と川崎市を合わせたくらい）
- 人口　約132万人（2011年）
- 首都　マナーマ
- 民族　アラブ人
- 言語　アラビア語
- 宗教　イスラム教（スンナ派約3割、シーア派約7割）
- 「バーレーン」の意味　「バーレーン」は「2つの水」を意味し、アラビア海の海水と島にある泉の淡水の、2つを表している。この淡水の泉が旧約聖書に出てくる「エデンの園」ではないかという伝説がある。
- 国旗　赤はペルシャ湾各国で用いられている、イスラム教シーア派の一派を表す色。他国と区別するため左のさお側に白い部分を加えた。ギザギザの5つの頂点はイスラム教の5つの信仰行為（五行）を表す。

©2008, Jayson De Leon
"Road and towers in Manama"

2011年のバーレーン騒乱。エジプトのデモに呼応し、大規模な反政府デモがおこなわれた。最後はサウジアラビア軍やアラブ首長国連邦の警官隊によって鎮圧された。

たわわに実ったナツメヤシの木。バーレーンでは、あまいナツメヤシをはじめ、色とりどりのフルーツを栽培している。

ハマド国王。絶対君主制だったバーレーンを立憲君主制にしたり、議会政治の復活や女性参政権の導入など、民主化政策を進めた。

お祭りで伝統的な楽器を演奏し、民謡を歌う人たち。

バーレーンで最大のグランド・モスク。一度に7000人を収容できる。

## もっと知りたい！
### 少数派シーア派がこの地に集まった

この地域は、カタールやクウェート、アラブ首長国連邦と同様、中世以来、土地の有力者（首長）が大きな権力をもっている地域です。

イスラム世界の辺境であるため、この地域にはイスラム教の中でも少数派であるシーア派の信者が集まってきていました。

1867年にイギリスの保護国になりました。そして1971年、首長国が集まったアラブ首長国連邦には入らず、独立しました。

首長国とはイスラム世界の君主制の国です。バーレーンも首長国でしたが、2002年、首長が「王」を名乗りバーレーン王国となりました。

41

## アジア

### 大国のはざまで生きる世界でいちばん幸せな国家!?
# ブータン

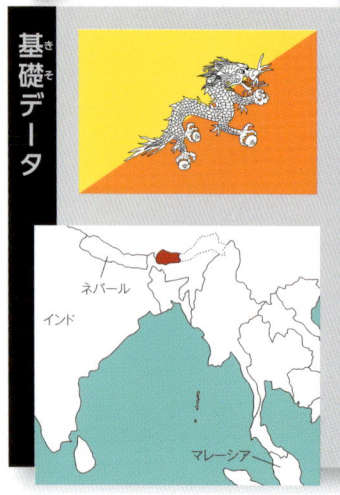

**基礎データ**

- 面積　約3万8394km²（九州とほぼ同じ）
- 人口　約73.8万人（2011年）
- 首都　ティンプー
- 民族　チベット系、東ブータン先住民、ネパール系など
- 言語　ゾンカ語（公用語）など
- 宗教　チベット系仏教、ヒンドゥー教など
- 主要産業　農業（米、麦ほか）、林業、電力
- 国旗　白い龍は、王家の守護神で、寛大と清浄を表す。また、黄色は王家の権威を、オレンジ色はチベット仏教への信仰を表している。

　ブータンは、インドと中国の間、ヒマラヤ山脈の斜面にある、九州と同じくらいの面積の王国です。中国との国境近くは標高7000m、南部の亜熱帯は300mと標高差があります。農業もできる1000mから3000mくらいまでの地帯に多くの人が住んでいます。おもな産業は農業ですが、最大の輸出産業はヒマラヤ山脈の雪解け水を利用した水力発電による電力です。その量は、日本の原子力発電所1基の1.5倍程度ですが、国内での需要は少ないため、ほとんどをインドに輸出し、大きな収入源となっています。

　インドと中国の間に位置するネパールと同じく、ブータンは国際関係で緊張を強いられています。また、1959年以降、それまで中国にせまい自治区を強いられていたチベットが独立運動を起こし、多くの犠牲者がでました。これにより、ブータンは危機感をもち、インド寄りの姿勢を強めました。現在はインドの援助を受けて社会的インフラの整備を進めるなど、密接な関係にあります。一方、中国とは国境問題で対立しており、国交も結ばれていません。

　約8割がチベット系の住民で、チベット仏教を国教

ブータンでいちばん美しいとされるプナカ・ゾン。ここで、ワンチュク国王の結婚式もおこなわれた。ゾンとはかつて城塞としてつくられた建築物で、ブータンの各地にある。いまはほとんどが寺院兼県庁として使われている。

としています。チベットは現在中国領になっているため、ブータンはチベット仏教を国教とするただひとつの国となっています。人々の習慣など生活のいたるところに仏教が根づいています。

　チベット仏教の特色のひとつである、魂のぬけた遺体を天国に送りとどけるため鳥に食べてもらう「鳥葬」も、広くおこなわれています。

提供：ブータン政府観光局

ブータンの料理。主食はごはん（まん中）で赤米（皮の赤いイネの品種）が中心。右下はブタという、そば粉でつくっためん。日本のそばのように打つのではなく、スパゲティのように押し出してつくる。

©2007. Royal Family of Bhutan
"King Jigme Khesar Namgyel Wangchuck"©

国民に絶大な人気をほこるワンチュク国王。2011年に日本を訪問した。

ゾンでもよおされる、ツェチュ祭で舞われる仮面舞踏。

提供：ブータン政府観光局

## ●観光客を制限

　ブータンは長い間、自国の文化を守るため、鎖国政策をとっていましたが、1971年に国連に加盟し、1980年代から近隣諸国を中心に対外関係を拡大しました。ただし、自然や仏教遺産などを保護するために外国人旅行者の数を制限しています。また、外国人旅行客は滞在費用（宿泊、食事、国内移動、ガイド料などをふくむ）として1日200～290ドル（人数や季節で変動）の公定料金を現地の旅行社に支払うことになっています。

### ここに注目

## 「国民総幸福量」とは？

　国民総生産（GNP）を国のゆたかさの指標にすることが多い中、国民一人当たりの幸福を最大化することによって社会全体の幸福を最大化することをめざすべきだとする考え方が「国民総幸福量（GNH）」というもので、先代のワンチュク国王が1972年に提唱しました。2005年におこなわれた調査では、国民の約97％が「幸福」と回答し、「世界一幸せな国ブータン」として注目を集めています。開発途上国の中でもとくに開発がおくれている後発開発途上国とされていますが、教育費と医療費が無料など、社会福祉も充実しています。

## もっと知りたい！ 伝統文化を守る

　1989年に民族衣装を着ることが決められ、それまではTシャツやジーンズ姿だった若者もみな再び民族衣装を着るようになっています。かつてとなりにあったシッキム王国という国が、ネパール人の流入が増えすぎた末にインドに併合され消滅してしまったことから、ブータンでネパール人を増やさないために始められたといわれます。

　このように伝統文化を守る一方で、自由化、民主化も進められています。学校の授業は、国語以外はすべて英語でおこなわれ、将来の国づくりのため、すぐれた学生を留学生として世界各国の大学に送っています。

民族衣装を着て遊ぶ子どもたち。

提供：ブータン政府観光局

43

## アジア

### 美しいサンゴ礁の島々の国
# モルディブ

首都マレ。人口の約4分の1がここに住んでいる。

©2004. Shahee Ilyas "Male, capital of Maldives"

### 基礎データ

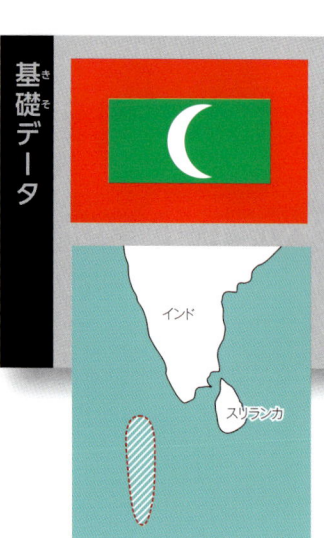

- ●面積　300km²（淡路島の約半分）
- ●人口　約32万人（2011年）　●首都　マレ
- ●民族　モルディブ人　●言語　ディベヒ語
- ●宗教　イスラム教
- ●国旗　三日月はイスラム教のシンボル、赤は自由と独立のために流された血と犠牲を、緑はイスラムの伝統色であるとともに、命のもとであったヤシの木を表すともいわれる。

### ここに注目
#### 飛躍的に増えた観光客

最大の産業は観光業で、観光収入が、GDPの3分の1をしめています。観光業には1970年代から力を入れています。年々旅行者数はふえていて、1984年には約8万3000人だったのが、2011年には10倍以上の約93万人になりました。

それにともない、経済も順調に発展しています。

独特の木造船であるダウ船。

インド、スリランカの南西に広がる26の環礁（輪の形をしたサンゴ礁）とおよそ1200の島々からなる国家です。およそ200の島に人が住んでいます。大航海時代以降、ポルトガル、オランダ、最後はイギリスの支配を受けいれ、1965年に独立。現在もイギリス連邦加盟国です。

モルディブ人はインド人、スリランカ人、アラブ人、ペルシア人、東アフリカ人（スワヒリ系）などを祖先にもっています。インド洋では2000年以上も昔から、ダウ船とよばれる木造の帆船が、モンスーン（季節風）を利用してさかんに交易していました。それがこの島々の住民構成や文化・宗教をつくりあげていったのです。

サンゴ礁の島々で、海面からの標高が1m足らずであるため、地球温暖化の影響で国自体が消滅しかねない危機的な環境に置かれています。

## もっと知りたい！ モルディブのカツオ節

観光業に次ぐ主要産業が漁業。頭と内臓を取ったカツオを煮たものを天日でほしたモルディブ・フィッシュが有名で、スリランカに輸出され、料理のだしに使われます。日本の「カツオ節」のようなものです。モルディブは穀物生産がゼロという国であり、モルディブ・フィッシュの輸出により穀物を輸入しています。

モルディブ・フィッシュを使ったスリランカのカレー。

市場で買い物をする青年。

### サンゴ礁の3つのタイプ

**裾礁**
陸地のまわりをサンゴ礁がかこんでいる状態。日本のサンゴ礁はこのタイプがほとんど。

**堡礁**
陸地が少し沈み、サンゴ礁との間にラグーン（湖）ができた状態。モルディブには堡礁も多い。

**環礁**
陸地がさらに沈み、円形のサンゴ礁だけが海面に出ている状態。モルディブには26の環礁がある。

モルディブは世界有数のダイビングスポット。色とりどりのサンゴ礁や熱帯魚に出あえる。

人工衛星から見たモルディブ。

## アジア

### めざましい経済発展をとげた、東南アジアの優等生
# シンガポール

　シンガポールはマレーシアに隣接する、シンガポール島と周辺の島々からなる国です。東京23区とほぼ同じくらいで、人口は約518万人。人口密度の高さはモナコに次いで世界第2位です。イギリス連邦に加盟しています。

　東南アジアの経済の優等生で、1965年にマレーシアから分離、独立して以来、一貫して高い成長率で発展し続けています。この経済的発展の基礎は、リー・クアン・ユーという政治家が、外国企業を積極的に誘致したことでつくられました。おもな産業として金融サービス、製造業、ビジネスサービス業、運輸・通信業など。外国企業を積極的に誘致しており、欧米や日本、中国、韓国、インドなど、アジアから多くの企業が進出しています。

### ●シンガポールの歴史

　15～16世紀に、マレー半島にマラッカ王国というイスラム国家が栄えていました。現在のシンガポール、シンガプラもマラッカ王国の支配下でした。

急ピッチで高層ビルが建設されていく。

　19世紀に、イギリスの東インド会社の書記官ラッフルズが、土地の支配者からシンガポールに商館を建てる権利を獲得、これがもとになってシンガポールはイギリスの植民地になりました。

　シンガポールは交易に関して税金を課さない自由貿易港になったため経済的に発展し、19世紀には中国人の移住がさかんになります。

　その後太平洋戦争で、日本がイギリス軍をやぶり、シンガポールを昭南島と名づけて占領し統治します。このとき抵抗したたくさんの中国系

### 基礎データ

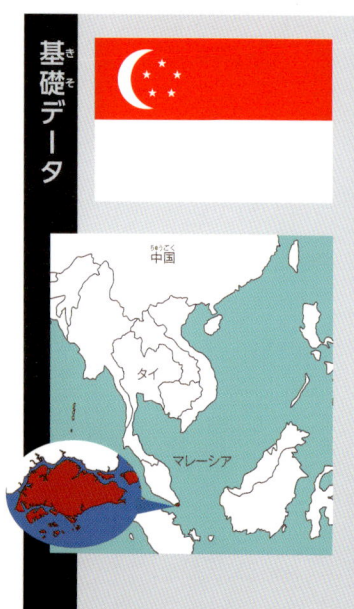

- ●面積　714km²（東京23区とほぼ同じ）
- ●人口　約518万人（うちシンガポール人・永住者は379万人）（2011年）
- ●首都　シンガポール
- ●民族　中国系74%、マレー系13%、インド系9%、その他3%
- ●言語　国語はマレー語。公用語として英語、中国語、マレー語、タミール語
- ●宗教　仏教、イスラム教、キリスト教、道教、ヒンドゥー教
- ●主要産業　製造業（エレクトロニクス、化学関連、バイオメディカル、輸送機械、精密機械）、商業、ビジネスサービス業、運輸・通信業、金融サービス業
- ●国旗　三日月と星はマレー人が多く信仰するイスラム教のシンボル。5つの星は、民主・平和・進歩・平等・公正を表す。赤は国民の友好と平等を、白は純粋性を表す。

シンガポールとマレーシアを結ぶ土手道、ジョホール・シンガポール・コーズウェイ。2国を結ぶ橋はもう1本ある。
©2006. Calvin Teo "Singapore-Johor causeway"

## ここに注目

### きびしい法律

シンガポールはきびしい法律で知られています。

たとえば道にゴミを捨てると1000シンガポール$（約8万円）、地下鉄内で飲食すると、500シンガポール$（約4万円）の罰金が科せられます。

チューインガムの販売、輸入は禁止されています。旅行者も持ちこむことができません。

麻薬についてはとくにきびしく、コカインの成分が30gを超える薬物、500gを超える大麻など、一定量を超える薬物の持ちこみに対しては、死刑が科せられます。

死刑のほか、むちうち刑もあり、欧米や人権擁護団体などは非人道的と批判しています。

住民を殺害した、悲しい歴史もあります。

第二次世界大戦後、ナショナリズムが高まり、マレーシアが独立しましたが、マレーシアの一部だったシンガポールは、74%をしめる中国人とマレー人の対立、経済力などの問題から、1965年、分離独立しました。

地元民向けのマーケット。南国らしいフルーツもいっぱい。

## もっと知りたい！ 公用語は4つ

シンガポールには英語、中国語、マレー語、タミール語の4つの公用語があります。

現在、学校では、英語中心で教育がおこなわれていることもあり、若い世代ではほとんどが英語と自分の民族語の2カ国語を話すバイリンガルや3カ国語を話すトリリンガルです。

一方、年配の人には、民族の言語だけを話し、英語が話せない人もいます。

シンガポールの英語は独特のなまりやアクセントがあり、シンガポールとイングリッシュをかけて「シングリッシュ」とよばれています。

チャイナタウン。ほかにインド人街、アラブ人街などもあり、国際色ゆたか。上はマレー料理。

47

■アジア

## 資源にめぐまれた裕福な王国
# ブルネイ

　フィリピンの南、赤道直下にある東南アジア最大の島、ボルネオ島。ブルネイはこのボルネオ島の北西の海に面した三重県ほどの広さの国で、正式の名をブルネイ・ダルサラーム国といいます。陸側はマレーシアにかこまれています。

　ブルネイの歴史は古く、10世紀、日本の平安時代のころから王国が成立していたといわれています。現在も王制が続いていて、王は首相もかね、大きな権限をもっています。国民の多くがイスラム教徒のゆたかな国です。

水上の村カンポン・アイル。約3万人の水上生活者がいるといわれるが、水道や電気などの生活インフラはもちろん、電話やインターネットも問題なく使える。学校、警察もある。

水上の村の足である水上タクシー。

世界的大富豪のボルキア国王。

©2009. www.kremlin.ru "Hassanal Bolkiah" ©

ブルネイ国王の宮殿イスタナ・ヌルル・イマン。宮殿としては世界最大（床面積）でギネスにも認定されている。中庭は断食明けのお祝いのとき、国民に開放される。

©2008.Christian Trede "Istana Nurul Iman" ©

首都バンダルスリブガワンにある、王立のスルターン・オマール・アリ・サイフディーン・モスク。観光名所となっている。

48　　©2007.sam garza "Dusk at the Sultan Omar Ali Saifuddin Mosque in Brunei on the eve of Ramadan" ©

## ●国王は大富豪

ブルネイの王様は、世界有数の大富豪として知られています。1967年に即位した現在のボルキア国王は、50歳の誕生日に東南アジア最大の遊園地をつくって国民に開放したり、マイケル・ジャクソンをよんで無料でライブを開催したりしました。またベンツやフェラーリといった高級車5000台をコレクションしていたり、飛行機やヘリコプターも多数もっているといわれています。

国民からの信頼は厚く、国民には参政権がないものの、民主化運動などは起きていません。

商店街を歩く人たち。イスラム教を信仰する女性は頭やからだを布でかくすことになっている。目を残して全身黒い布でおおう国もあるが、ブルネイでは、カラフルなスカーフのようなもので頭をおおい、おしゃれも楽しんでいる。

### ここに注目
### 医療費も教育費もただ

石油と天然ガスが豊富にあり、輸出していて、その利益を国民にも還元しています。医療費と教育費は無料、そのうえ所得税も住民税もゼロなので、国民の生活はハイレベルで、社会も安定しています。働かなくても食べていけるので、国民の勤労意欲は高くないようです。なお、天然ガスの輸出の9割以上が日本と韓国向けです。

### 基礎データ

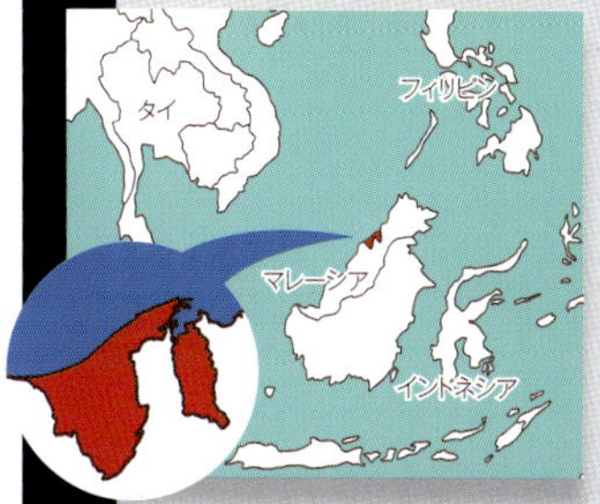

- ●面積　5765km²（三重県とほぼ同じ）
- ●人口　約40.6万人（2011年）
- ●首都　バンダルスリブガワン
- ●民族　マレー系65.7％、中国系10.3％、その他24.0％
- ●言語　憲法で公用語はマレー語と定められている。英語は広く通用し、中国系住民の間では中国語もある程度用いられている。
- ●宗教　イスラム教（国教）（67％）、仏教（13％）、キリスト教（10％）、その他（10％）
- ●国旗　中央の赤はブルネイの国章で、イスラム教を象徴する三日月と、ブルネイ王室を表すかさ、政治を象徴する両手などを組みあわせている。黄色は王家を、白と黒は大臣と地方長官を象徴。

市場では、魚を焼いて売っている。

### もっと知りたい！
### 絶対君主制と立憲君主制

王や首長といった君主が存在する国が君主制。選挙で選ばれた国民の代表者が政治をおこなう国を、一般に共和制といいます。君主が絶対的な権力をもつ場合は絶対君主制といい、君主の権力が憲法によって制限されている場合を立憲君主制といいます。現在、絶対君主制の国はサウジアラビアやアラブ首長国連邦の各首長国など、かぎられています。ブルネイはもともと立憲君主制でしたが、しだいに王の権力が強化されていて、絶対君主制に近くなっています。

さまざまな種類の野菜がならぶ。

# アジア

## 多くの血を流して、2002年に独立した新しい国
# 東ティモール

海岸で漁の準備をする人たち。

妹といっしょに魚を売る少年。

### 基礎データ

- ●面積　1万4919km²（東京、千葉、埼玉、神奈川の合計とほぼ同じ）
- ●人口　約118万人（2011年）
- ●首都　ディリ
- ●民族　テトゥン族など、大半がメラネシア系。その他マレー系、中国系、ポルトガル系を主体とするヨーロッパ人およびその混血など。
- ●言語　国語は、テトゥン語およびポルトガル語。実用語に、インドネシア語および英語。その他多数の部族語が使用されている。
- ●宗教　キリスト教99.1%（大半がカトリック）、イスラム教0.79%
- ●国旗　黒は4世紀にわたる植民地時代の苦難、白い星は未来への望みを、黄色は矢じり、つまり独立のための戦いを、赤は東ティモールの人々が流した血と犠牲を表す。

　14000近い島々からなるインドネシアにあるティモール島。インドネシアの面積の200分の1程度をしめる島ですが、そのティモール島の中に東ティモールという国があります。広さは東京都、千葉県、埼玉県、神奈川県を合わせたくらいです。

　2002年に独立。21世紀になって世界で最初に独立した国です。しかし、経済情勢は非常にきびしく、世界最貧国のひとつです。建国以来、国際社会の協力を得ながら国づくりが進められていますが、現在国民の10人に約4人は、貧困ラインとされる1日1.25ドル（日本円で約125円）未満で生活しています。

　おもな産業は農業で、輸出向けの作物としてコーヒーの栽培に力をそそいでいます。また、天然ガス・石油（ティモール・ギャップとよばれる、オーストラリアとの間にある海底ガス・油田）が貴重な国家財源として期待されています。

　国民の半数以上が18歳未満の若々しい国ですが、とくに、農村部では、医療、教育などのサービスが十分にいきとどいていません。

## もっと知りたい！
### 独立までの道のり

インドネシアはオランダの植民地でしたが、ティモール島に初めてやってきたヨーロッパ勢力はポルトガル人でした。

オランダとポルトガルはこの島を争い、1859年に東西に分割したのです。第二次世界大戦中は日本が占領、日本の敗戦後、インドネシアはオランダから独立しますが、東ティモールはポルトガルが独立を認めず、植民地支配が続けられました。

ティモール島はポルトガルにとって、香料諸島への中継基地として、また、島でとれる白檀（香りの強い木）を確保するために、植民地とする必要があったのです。

1974年、ポルトガル本国で社会主義革命が起こると、東ティモールも1975年に独立を宣言します。しかし、東ティモールが社会主義政権になることをおそれたとなりの国、インドネシアのスハルト大統領がせめこみ、占領しました。抵抗する東ティモールに対し、インドネシアは大量虐殺をおこない、命を失った東ティモール人は、65万人の人口のうち20万人にのぼったとされます。国連はこれを非難、1999年、国連の監視のもとで住民投票がおこなわれ、多数の支持で独立が決まりました。

しかし、インドネシア治安当局が民兵を使ってふたたび虐殺や破壊をおこないました。それに対し国連多国籍軍が派遣されました。ようやく正式に独立をはたしたのは2002年でした。

海岸をスクーターで走る。

©1999. Chris Johnson "East Timor Demo"
インドネシアからの独立を求めておこなわれたデモ。

インドネシアの人権侵害から住民をまもり、東ティモールの独立に力をつくしたベロ元司教。

### ここに注目
### 教会がにげ場だった

インドネシア統治時代、スハルト大統領は、東ティモールの住民に対して、イスラム教、キリスト教、ヒンドゥー教、仏教のいずれかに入信することを強制しました。住民の多くがアニミズム（精霊）信仰を捨ててカトリックに入信したのですが、それは、インドネシア軍の迫害からのがれる場所が教会しかなかったからだといわれています。

カトリック教会は独立運動を側面から支え、住民のほとんどの信仰を集めました。命をかけて人民を守り平和的解決に向けて努力したベロ元司教は、抵抗運動の指導者ラモス・ホルタとともに、1996年にノーベル平和賞を受賞しました。

# 太平洋

## 太平洋にうかぶ小さな島々の国
# ツバル・ナウル・キリバス

海面上昇が心配されている（ツバル）。
©2000.Stefan Lins "A beach at Funafuti atoll"

親族が集まる日曜日には、大量の食事を戸外でつくる（ツバル）。

ナウルのリン鉱石の採取跡。

## ●ツバル

人口が1万人に満たず、独立国家としてはバチカン市国の次に人口が少ない国です。また海抜が1mから3m、最高でも5mときわめて低く、海面が上昇すると、国が海にしずんでしまう可能性もあるといわれています。漁業と観光業がおもな産業ですが、天然資源がなく、土地が農業に適していないため、GDPの3分の2以上をODAにたよっています。イギリス連邦加盟国です。

## ●ナウル

バチカン市国、モナコに次いで面積が小さく、人口もバチカン、ツバルに次いで世界で3番目に少ない国。1942年から終戦まで日本軍が占領していました。サンゴ礁へのアホウドリのフンの堆積によってできた島です。このフンは長い年月を経てリン鉱石となり、この採掘によってさかえました。税金はゼロ、医療、教育費は無料、国民全員に年金が支給され、結婚すると一戸建て住宅が支給されました。そのため、働かず、自炊もせず、労働は他国からの出かせぎ労働者にさせるという夢のようなくらしをしていましたが、鉱石が枯渇して財政は完全破たん、経済は崩壊し、オーストラリアなど諸外国の援助にたよっています。イギリス連邦加盟国です。

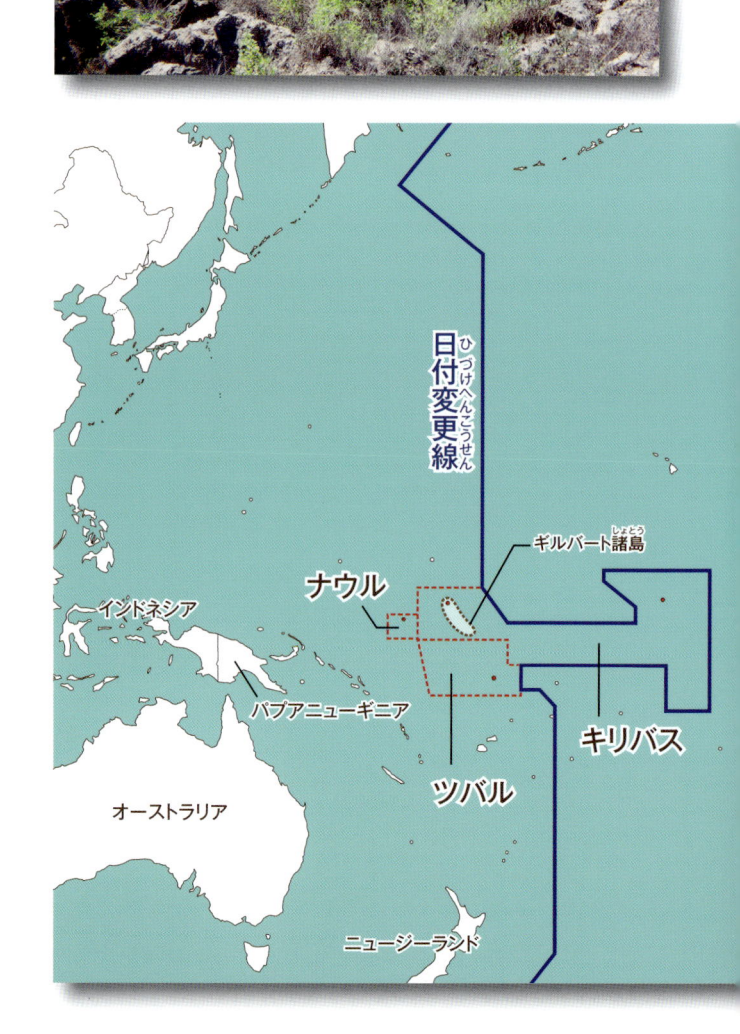

日付変更線

ギルバート諸島
ナウル
インドネシア
パプアニューギニア
ツバル
キリバス
オーストラリア
ニュージーランド

52

## もっと知りたい！ 日付変更線って何？

太平洋のまん中あたり、ほぼ経度180度上に北極から南極に引かれた日付の境界線。実際に水上にある線ではなく、人間が考えて決めた線で、この線を西から東に通過するときは1日日付をおくらせて、東から西に通過するときは1日進めます。もともと陸地はとおらないようにジグザグに線をひいていましたが、キリバスは日付変更線の両側に島々があって、ひとつの国で2つの日付がある状態になっていました。それは不便なので、キリバスでは、東側の島々の日付を、全部西側の日付に合わせることにしました。

## ●キリバス

33の環礁（45ページ参照）が350万km²にもわたって散らばる海洋国家で、排他的経済水域は世界第3位。世界でもっとも早く日付が変わる国でもあります。

第二次世界大戦では、キリバスの一部のギルバート諸島を日本が占領し、アメリカとの戦場になったという歴史もあります。産業の中心は、観光業、漁業、油脂製品の原料となるコプラの生産などで、日本などの外国漁船による入漁収入も重要な収入源となっています。イギリス連邦加盟国です。

そ～れ！ おおなわで元気にあそぶ子どもたち（キリバス）。

## もっと知りたい！ 排他的経済水域って何？

自分の国の沿岸から200海里（約370km<1海里＝1852m>）の範囲の海のことで、魚など水産資源をとったり、鉱物資源などの探査や開発をする権利を得られる水域です。一方、資源の管理や海洋汚染防止の義務も負います。国の領域とさだめた領海とは異なり、他国の船が通行することができます。日本の排他的経済水域は世界で6番目の広さです。

## 基礎データ

**ツバル** 
- ●面積 26km²（東京都品川区と同じくらい）
- ●人口 約9800人（2011年） ●首都 フナフティ ●民族 ポリネシア系（若干ミクロネシア系が混合） ●言語 英語、ツバル語
- ●宗教 おもにキリスト教（プロテスタント）
- ●国旗 ユニオン・ジャックはイギリス連邦の一員であることを、青は太平洋を、星は国を構成する9つの島とその位置を表す。

**ナウル** 
- ●面積 21km²（東京都港区とほぼ同じ）
- ●人口 約1万人（2011年） ●首都 ヤレン
- ●民族 ミクロネシア系（ポリネシア、メラネシアの影響あり） ●言語 英語（公用語）、ナウル語
- ●宗教 おもにキリスト教 ●国旗 青は太平洋、黄色い線は赤道、星は赤道直下にある国の位置を表す。星の12のギザギザは12の部族の団結を表す。

**キリバス** 
- ●面積 726km²（対馬とほぼ同じ） ●人口 約10.1万人（2011年） ●首都 タラワ ●民族 ミクロネシア系（98％）、その他ポリネシア系および欧州人が居住 ●言語 キリバス語、英語（共に公用語） ●宗教 キリスト教（おもにカトリック、プロテスタント） ●国旗 太陽は世界でもっとも早い日の出を、グンカンドリは海を治める力の象徴で希望を、白い波は国を構成する3つの諸島を表す。

# 中南米

## 2つの大洋をつなぐ運河の国
## パナマ

**基礎データ**

- ●面積　7万5417km²（北海道よりやや小さい）
- ●人口　約357万人（2011年）
- ●首都　パナマシティー
- ●民族　混血70％、先住民7％ほか
- ●言語　スペイン語
- ●宗教　カトリック
- ●国旗　十字の仕切りは、南北のアメリカ大陸と大西洋、太平洋を結ぶ十字路にあることを表す。青と赤は独立当時の2つの政党を、白は両党間の融和を表す。
- ●パナマ運河は東から西にとおっていると考えがちだが、実際は北西から南東へとおっている。

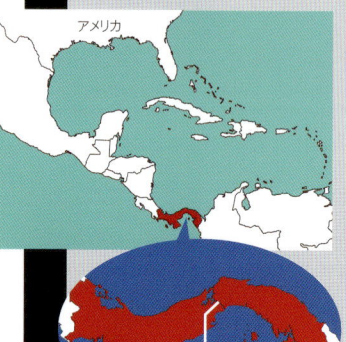

　パナマは、北アメリカ大陸と南アメリカ大陸の境に位置する国です。パナマ運河で知られています。

　コロンブスによる到達以来、ヨーロッパ人はアメリカ大陸を「インド」だと思っていましたが、探検家バルボアがこのパナマ地方から西にさらに大きな海が広がっているのを見て、この地が新大陸であることを確認した、その地がパナマです。

　産業の中心は金融業で、中米の中では、経済的にもっともゆたかな国です。ただし貧富の差は大きく、人口の4割が貧困層です。

©2000.Stan Shebs "Panama Canal's Gatun Locks gates opening"

パナマ運河のガトゥン閘門。

パナマ運河をアメリカが重視したのは、アメリカの東海岸から西海岸や太平洋に行くのに、陸地をわたるよりも船でパナマに向かい、運河をとおって行ったほうが安全で、大量輸送に向いていたからである。

パナマのカラフルな通勤バス。

## ここに注目

### パナマの歴史は運河を取りもどす歴史

パナマ地帯は太平洋と大西洋を結ぶルートとして注目されていました。スエズ運河の建設で知られるフランスのレセップスがパナマ運河建設を試みたものの、さまざまな事情で失敗。それをついだアメリカが1904年から建設を始めました。パナマを領地として組みこんでいたコロンビアはアメリカと対立、運河開削についての条約の締結をコロンビアがこばむと、アメリカはパナマを強引にコロンビアから独立させました。そして新しくできたパナマ政府と条約を結び、運河とその両岸8km（パナマ運河地域）を「租借地」として完全に支配します。1914年の運河の開通後もパナマへのアメリカの軍事的干渉は続き、政情不安の大きな原因になりました。

ただ、交渉はじょじょに進み、1999年にアメリカはようやく運河地帯から完全に撤退し、運河はパナマのものになりました。パナマの100年の歴史は、まさにアメリカから運河を取りもどす歴史だったのです。

## パナマ運河のしくみ

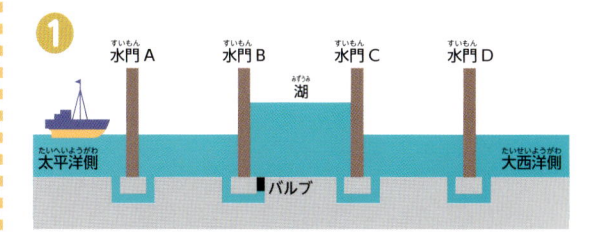

**①** 水門Aを上げて、船を入れる。

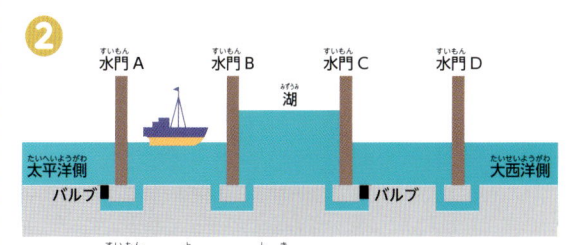

**②** 水門Aを閉じて、仕切る。

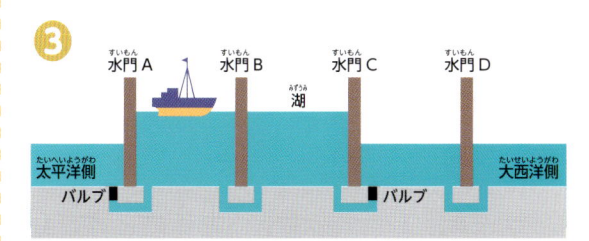

**③** 仕切りの中と、湖の水面を同じ高さにし、水門Bを上げて船をとおす。このようにして、水の高さを調節しながら船をとおしていく。このしくみをロック式、または閘門式という。

## 中央アメリカ（中米）の国々

**ベリーズ**
イギリス連邦国。美しいサンゴ礁にめぐまれ、「カリブ海の宝石」といわれる。中米より、イギリスやカリブ海の国と関係が深い。

**ホンジュラス**
世界最貧国のひとつ。国民の半数が貧困ライン以下の生活をしている。アメリカ資本によるバナナのプランテーションに依存してきた。

**ニカラグア**
ソモサ家による独裁政治と独裁に対する革命後の内戦が続いたため、貧しくなり、最貧国のひとつとなっている。

**グアテマラ**
メキシコをのぞき中米でもっとも人口が多い国。マヤ文明の遺跡が多く残っている。内戦後、治安の悪い状態が続いている。

**エルサルバドル**
南北アメリカ大陸で面積が最小、人口密度は最高の国。中米一の工業国だったが、ホンジュラスとの戦争、その後の内戦を経て、苦しい時期が続いた。現在ふたたび経済が成長している。

**コスタリカ**
中米でパナマの次にゆたかな国。また中米でもっとも安定した民主主義国で、高い教育水準をほこる。常備軍をもたないこと、比較的ととのった福祉制度が特徴。

わたしたち、なかよし！

パナマハット。パナマ草の葉をこまかくさいて編んで作るぼうし。起源はエクアドルだという。19世紀に、アメリカのセオドア・ルーズベルト大統領がパナマ運河を訪問したときかぶったことから、広まったという。

55

# 中南米

## カリブ海の島国
## バハマ・ジャマイカ

バハマの首都ナッソーのビーチ。

学校から帰る少女たち。

南北アメリカ大陸にはさまれたカリブにある群島を「西インド諸島」といいます。コロンブスがインドをめざして西まわりで航海をし、バハマに到着、その住民の肌の色を見て、そこがインドだとかんちがいしたことからその名がついたといわれています。

いちばん大きな島国であるキューバをはさんで北にバハマ、南にジャマイカがあります。

コロンブスのひきいるスペイン軍は、バハマ、ドミニカ（共和国）、キューバ、ジャマイカなど西インド諸島に住む数多くの先住民を虐殺したり奴隷として働かせたりしました。その結果、バハマやジャマイカ、その他多くの島々にいた先住民が死にたえてしまいました。やがて大規模なプランテーションがつくられ、西アフリカから連行された奴隷に苛酷な労働を強いました。17世紀になると、バハマもジャマイカもイギリスが支配するようになり、奴隷制度は長い間続きました。

### ●バハマ

バハマはカリブ海の大小700の島からなる国です。アメリカ人が多くおとずれるリゾート地で、観光業が中心です。カリブ諸国の中では経済的にもっともゆたかな国で、一人当たりの国民所得は、西半球においてアメリカ、カナダに次いで3番目です。

コロンブスが航海ではじめに上陸したサン・サルバドル島はバハマにあります。ただし到達したのはこの島ではなかったという説もあります。

イギリスから独立したのは1973年。現在はイギリス連邦の国です。

**基礎データ**

- ●面積　1万3943km²（福島県とほぼ同じ）
- ●人口　約34.7万人（2011年）
- ●首都　ナッソー
- ●民族　アフリカ系85％、欧州系白人12％、アジア系およびヒスパニック系 3％
- ●言語　英語（公用語）
- ●宗教　キリスト教（プロテスタント、英国国教会、カトリック）など
- ●国旗　2本の青い帯は大西洋とカリブ海、中央の黄色い帯は黄金のような海岸の砂と太陽の光を象徴し、2つの海に囲まれたバハマを表す。黒は大多数のアフリカ系黒人を表し、国家の団結を意味する。

カリブ海を背景にスチールドラムを演奏するミュージシャン。

## 基礎データ

- 面積 1万991km²（岐阜県とほぼ同じ）
- 人口 約271万人（2011年）
- 首都 キングストン
- 民族 アフリカ系91％、混血6.2％、その他2.6％
- 言語 英語、英語系パトゥア語
- 宗教 プロテスタントなど
- 国旗 黒は克服すべき困難を、黄色は豊かな自然と太陽の輝き、緑は希望と農業資源を象徴する。X字形の十字架はイギリスのスコットランド旗にならっていて、国民のキリスト教への敬虔な信仰を表す。

©2008.Blofeld of SPECTRE "Kingston"

レゲエが生まれた、首都のキングストン。

ジャマイカといえば、世界最速の男、ウサイン・ボルト選手が有名だ。これは2009年の世界選手権で100m9秒58の世界新記録を出したときの写真。

©2009.Erik van Leeuwen "Usain Bolt at the World Championship Athletics 2009 in Berlin"©

## ●ジャマイカ

ジャマイカは、カリブ海の島国で、キューバの南に位置します。1962年にイギリスから独立し、イギリス連邦の一国となりました。英語が公用語です。アルミニウムの原料となるボーキサイトをはじめとした鉱業が産業の中心です。

ウサイン・ボルト選手をはじめ、多くの陸上選手を出していることで知られています。なぜ陸上に強いかについては、瞬発力にすぐれた遺伝子をもっているから、食べ物のおかげ、子どものころからかけっこで競うことが日常的におこなわれているからなど、いろいろな説があります。最近では、才能のある子どもに助成金を出すなど、国も英才教育に力を入れているようです。

大衆音楽であるレゲエ発祥の地としても知られています。

国土の80％が山地で、もっとも高い山は標高2256mのブルーマウンテン。その山麓で栽培されているのがコーヒー豆のブルーマウンテンだ。ブルーマウンテンの生産量の90％が日本に輸出されている。

ジャマイカ第2の都市、モンティゴベイの街。

57

# 中南米

## 小さな国がならぶカリブ海の島々
## 小アンティル諸島

　カリブ海と大西洋の境にあたるところにならぶ島々を小アンティル諸島といい、そこに多くの小国と、独立していない地域があります。熱帯で火山が多い地域です。また、美しい海にかこまれているため観光業がさかんです。いずれの国も、コロンブスなどスペイン人が到着してからヨーロッパの国々の植民地となり、領有権争いを経て、その後、多くがイギリス領になった国です。現在独立している国はみなイギリス連邦に属し、英語がおもな公用語で、イギリス文化の影響を受け、スポーツではクリケットなどがさかんです。島々はきれいな弧をえがいていますが、これは火山の連鎖で「火山弧」といいます。日本列島も、またアンデス山脈も火山弧です。

### セントクリストファー・ネービス

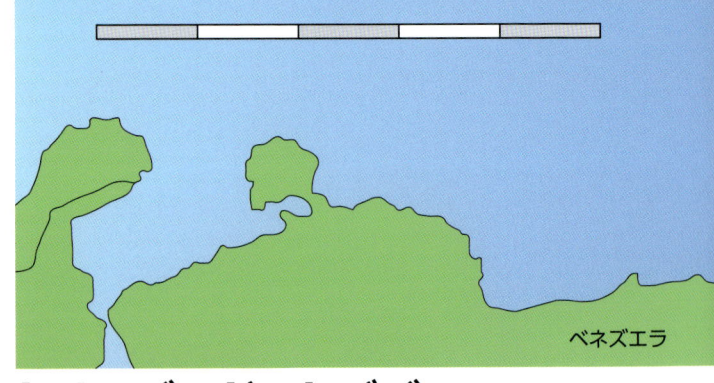

中南米の中で面積、人口ともにもっとも小さい国。セントキッツ・ネービスとよばれることもあります。2つの島の大きいほうのセントクリストファー島は、クリストファー・コロンブスが自分の名前の由来である聖クリストフォルスの名をつけたといわれます。小さいほうのネービス島はカリブの温泉地として知られています。●面積 262km²（西表島とほぼ同じ）●人口 約5.3万人（2011年）●首都 バセテール

### セントビンセントおよびグレナディーン諸島

観光業とバナナ生産が経済の中心で、バナナ、タロイモ、クズ粉などを輸出しています。漁業もさかんで、日本からはおもに船を輸出しています。スフリエール山が世界遺産に登録されています。●面積 389km²（五島列島の福江島とほぼ同じ）●人口 約10.9万人（2011年）●首都 キングスタウン

セントビンセント島にある活火山、スフリエール山。 
©2005.Acp "Soufriere vulcano on St. Vincent" ©

### トリニダード・トバゴ

おもにトリニダード島とトバゴ島からなる国。スペインの支配の後、フランス、イギリス、オランダなど次々と統治者が変わりました。石油と天然ガスの資源があり、経済の中心になっています。トリニダード・トバゴのカーニバルで発達した音楽ジャンルであるカリプソが有名です。●面積 5130km²（千葉県よりやや大きい）●人口 約135万人（2011年）●首都 ポートオブスペイン

トリニダード・トバゴは、棒にも地面にもふれずに体をそらせて棒の下をくぐりぬけるリンボーダンスでも知られている。

58

アンティグア・バーブーダの多くは低地で、もっとも高いオバマ山も標高400m程度。

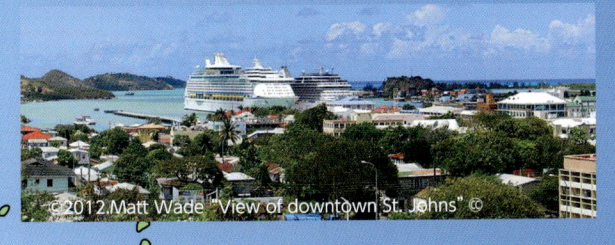

## アンティグア・バーブーダ

おもにアンティグア島、バーブーダ島、無人のレドンダ島の3島でなりたっています。産業の中心は観光業でしたが、たびかさなるハリケーンの被害や世界的な経済危機による観光客の減少により、経済は低迷しています。●面積 442km²（種子島とほぼ同じ）●人口 約9万人（2011年）●首都 セントジョンズ

## ドミニカ国

カリブ海に存在する多様な植物が自生し、「カリブ海の植物園」ともよばれています。コロンブスが到着した日が日曜日（ドミンゴ）だったためドミニカ島と名づけられたといわれています。カリブ海でキューバの次に大きい「ドミニカ共和国」とは別の国です。●面積 790km²（奄美大島とほぼ同じ）●人口 約6.8万人（2011年）●首都 ロゾー

## セントルシア

「セントルシア」の国名は、コロンブスが到着した日が、ナポリ民謡「サンタ・ルチア」で歌われるキリスト教の聖人、聖ルチアの祝日だったからといわれています。バナナのほかココアや、ココヤシを乾燥させたコプラなどを生産しています。ふたごの山、ピトン管理地域が世界遺産に登録されています。●面積 616km²（淡路島とほぼ同じ）●人口 約17.6万人（2011年）●首都 カストリーズ

バルバドスの首都ブリッジタウンの港とカフェ。

## バルバドス

カリブ海地域においてもっとも裕福な国のひとつです。経済はサトウキビ栽培によって支えられてきましたが、現在は観光業も発展しています。平均寿命は77.2歳（男74.2歳、女79.8歳、2010年度）と比較的長く、教育水準も高い国です。●面積 431km²（種子島とほぼ同じ）●人口 約27.4万人（2011年）●首都 ブリッジタウン

## グレナダ

1983年の「グレナダ侵攻」で有名になりました。親ソ連（現在のロシア）、キューバ派によるクーデターが起きたとき、アメリカ軍および東カリブ諸国機構参加国軍が侵攻した事件です。このグレナダ侵攻を理由に、ロサンゼルスオリンピックを東側諸国がボイコットしました。その後グレナダでは親米政権が樹立しました。経済ではカカオ、ナツメグ、バナナなどの生産のほか、観光業に依存しています。●面積 345km²（五島列島の福江島とほぼ同じ）●人口 約10.5万人（2011年）●首都 セントジョージズ

ナツメグを頭にのせて運ぶ女性。

# 中南米

## 多様な民族の住む、熱帯の国
# スリナム

青い羽、黄色の胸が特徴的なルリコンゴウインコ。

中央スリナム自然保護区は、スリナム中央部に位置し、世界遺産に登録されている。多くの固有種、希少種、絶滅危惧種をふくむ動植物が生存している。

首都パラマリボ。インド系、アフリカ系と白人の混血、マルーン系、インドネシア系など多様な民族が住む。

　スリナムは南アメリカ大陸の北東にあり、南アメリカで最小の独立国です。赤道直下に近く、熱帯に位置します。かつてはオランダ領ギアナとよばれていましたが、1975年に独立をはたしました。
　国土の大部分は、南米北部の広大な高地帯であるギアナ高地にあり、また国土の約90％が熱帯雨林で、その割合は世界一といわれています。南部の熱帯雨林は人が分け入りにくいため、人口の大部分は北部の沿岸のせまい低地地方に住んでいます。アルミニウムの原料であるボーキサイトにめぐまれていて、輸出額の多くをしめています。農業では米、砂糖、バナナなどの生産がさかんで、漁業ではエビを日本やヨーロッパに輸出しています。

ガイアナとの国境近くの町ニッケリの市場で、魚をさばきながら売っている女性。

## ここに注目

### バラエティーに富んだ民族

スペイン人が到着し、領有権争いがあった後、オランダの植民地となり、奴隷を使った農業がおこなわれました。奴隷制度が廃止された後も、労働力不足を補うためオランダ領インド（現在のインドネシア）やインドから移民を受け入れ、19世紀後半から20世紀初めにかけては中国からも移民を受けいれました。そのためスリナムは世界の中でも民族に多様性のある、独特な文化をもった国となっています。また、17～18世紀ごろ、苛酷な労働から奥地へと逃亡したアフリカ人奴隷の子孫である、「マルーン」とよばれる人たちが10％ほどいます。

ヨーロッパ以外でただひとつオランダ語を公用語としている国ですが、ほかにも「タキタキ語」、「スリナム語」などとよばれるオランダ語を母体に変化した言語も使われています。

## 基礎データ

- ●国旗 中央の星は、さまざまな民族の団結と希望を表し、緑はゆたかな国土を、白は正義と自由を、赤は進歩と繁栄を象徴する。
- ●面積 16万3820km²（日本の約2分の1）
- ●人口 約52.9万人（2011年）
- ●首都 パラマリボ
- ●民族 ヒンドゥー系37％、クレオール系（アフリカ系と白人の混血）31％、ジャワ系15％、マルーン系10％、先住民系2％、中国系2％、白人1％
- ●言語 オランダ語（公用語）、英語、タキタキ語（スリナム語）、カリブ系ヒンディー語、ジャワ語
- ●宗教 キリスト教、ヒンドゥー教、イスラム教など

©2012.Freek L. Bakker "Arya Dewaker Temple" ©

首都パラマリボにあるヒンドゥー教の寺院。宗教が多様なスリナムには、ヒンドゥー教寺院、キリスト教の教会、イスラム教のモスクなどが混在している。

中央スリナム自然保護区にすむコモンリスザル。

61

# さくいん

## あ

- アドリア海 …… 26,27
- アメリカ(合衆国) …… 27,37,39,53,54,55,56
- アラビア語 …… 37
- アラブ首長国連邦 …… 41,49
- アラブ人 …… 44,47
- アルプス …… 18
- アンティグア・バーブーダ …… 59
- アンデス山脈 …… 58
- アンドラ …… 22,23
- アンドラ・ラ・ベリャ …… 22
- EEC(欧州経済共同体) …… 20
- EC(欧州共同体) …… 20
- EU(欧州連合) …… 18,20,29
- イギリス …… 21,24,28,29,30,34,37,41,44,46,55,56,58
- イギリス連邦 …… 28,46,52,53,55,56,57,58
- イスラエル …… 38,39
- イスラエル王国 …… 39
- イスラム(教、教徒、国、商人) …… 24,26,38,40,41,46,48,49,51,61
- イスラム帝国 …… 28
- イタリア(語) …… 17,19,24,26,28
- インド(人) …… 37,42,44,46,47,54,56,60,61
- インドネシア …… 50,51,60,61
- インド洋 …… 36,37,44
- ウィーン会議 …… 18,24
- ウィリアム・テル …… 19
- ウルヘル司教 …… 23
- 英語 …… 19,47,52,58
- 永世中立国 …… 18
- エクアドル …… 55
- エチオピア …… 36,37
- エルサルバドル …… 55
- エルサレム …… 38
- オーストラリア …… 50,52
- オーストリア …… 18,21
- オスマン帝国 …… 26,28,29
- オランダ(語) …… 20,24,30,34,44,51,58,61
- オランダ領ギアナ …… 60

## か

- ガイアナ …… 61
- 火山弧 …… 58
- カストリーズ …… 59
- カタール …… 41
- カタルーニャ(語・地方) …… 22,23
- カトリック(教会) …… 16,17,22,23,26,51
- カナダ …… 56
- カリブ海 …… 55,56,57,58,59
- カリプソ …… 58
- 韓国 …… 46,49
- 環礁 …… 44,53
- カントン …… 18
- キプロス(共和国) …… 29
- キューバ …… 57
- ギリシャ …… 29
- ギリシャ正教 …… 26
- キリスト教(徒) …… 16,23,38,39,51,61
- キリバス …… 52,53
- ギルバート諸島 …… 53
- キングスタウン …… 58
- キングストン …… 57
- グアテマラ …… 55
- クウェート …… 41
- グレナダ …… 59
- クロアチア(紛争) …… 26,27
- コイドゥ …… 31
- 公爵 …… 21
- 後発開発途上国 …… 35,43
- 国民総幸福量(GNH) …… 43
- コスタリカ …… 55
- コソボ …… 27
- 古代ローマ …… 25
- コトル …… 26,27
- コロンビア …… 55
- コロンブス …… 54,56,58,59

## さ

- サウジアラビア …… 40,41,49
- 三角貿易 …… 30
- サンゴ礁 …… 44,45,52,55
- サン・サルバドル島 …… 56
- サン・ピエトロ大聖堂 …… 16,17
- サンマリノ …… 24,25,34

- シーア派 …… 41
- シエラレオネ …… 30,31
- シオニズム運動 …… 38,39
- 司教(区) …… 22,23
- シチリア島 …… 28
- シッキム王国 …… 43
- ジブチ(港、鉄道) …… 36,37
- ジャマイカ …… 30,56,57
- ジュネーブ …… 19
- 小アンティル諸島 …… 30,58
- シンガポール(人) …… 46,47
- シングリッシュ …… 47
- スイス …… 18,19,21
- スエズ運河 …… 55
- スハルト大統領 …… 51
- スフリエール山 …… 58
- スペイン(語、人) …… 22,23,24,28,30,32,56,58,61
- スリナム …… 30,60,61
- スリランカ(人) …… 44,45
- スロベニア(戦争) …… 26,27
- スワジランド …… 35
- 聖ヨハネ騎士団 …… 28
- 赤道ギニア …… 32
- 絶対君主制 …… 49
- セルビア …… 26,27
- セルビア・モンテネグロ …… 26
- セントキッツ・ネービス …… 58
- セントクリストファー・ネービス …… 58
- セントジョージズ …… 59
- セントジョンズ …… 59
- セントビンセントおよびグレナディーン諸島 …… 58
- セントルシア …… 59
- ソト(語、族) …… 34
- ソマリア …… 36

## た

- 第一次世界大戦 …… 18,21
- 第二次世界大戦 …… 18,21,39,47,51,53
- ダウ船 …… 44
- タキタキ語 …… 61
- タックスヘイブン …… 21
- タミール語 …… 47
- タラワ …… 53
- チトー …… 26

| | | |
|---|---|---|
| チベット ……………………………… 42 | バレッタ ……………………………… 28 | マラボ ………………………………… 32 |
| チベット仏教 ………………………… 42 | バンダルスリブガワン ………… 48,49 | マルタ ………………………………… 28 |
| 中央スリナム自然保護区 ……… 60,61 | ビオコ島 ……………………………… 32 | マルタ騎士団 ………………………… 28 |
| 中国(語、人) ……………… 32,42,46,47 | 東アフリカ人 ………………………… 44 | マレ …………………………………… 44 |
| ツバル ……………………………… 52,53 | 東ティモール ……………………… 50,51 | マレー(語、人、料理) ……………… 47 |
| ティターノ山 ………………………… 25 | 日付変更線 ………………………… 52,53 | マレーシア ……………………… 46,47,48 |
| ティモール・ギャップ ……………… 50 | 非武装中立 …………………………… 19 | マレー半島 …………………………… 46 |
| ティモール島 ……………………… 50,51 | ピレネー山脈 ………………………… 22 | ミケランジェロ ……………………… 17 |
| ディリ ………………………………… 50 | 貧困ライン ………………………… 35,50 | 南アフリカ共和国 …………………… 34 |
| ティンプー …………………………… 42 | ヒンドゥー教 ……………………… 51,61 | ムッソリーニ ………………………… 17 |
| テルアビブ …………………………… 38 | ファドゥーツ城 ……………………… 21 | モショエショエ1世 ………………… 34 |
| 点滴農法 ……………………………… 39 | フィリピン …………………………… 48 | モナコ ………………………………… 52 |
| デンマーク …………………………… 32 | ブータン ……………………………… 42 | モルディブ ………………………… 44,45 |
| ドイツ(語) ……………… 18,19,20,39 | フォア家 …………………………… 22,23 | モンテネグロ(公国、王国、人) … 26,27 |
| 東京ディズニーランド® ………… 16,17 | 仏教 …………………………………… 51 | |
| ドミニカ(共和国) ……………… 56,59 | プナカ・ゾン ………………………… 42 | **や** |
| ドミニカ国 …………………………… 59 | フナフティ …………………………… 53 | ヤレン ………………………………… 53 |
| トリニダード・トバゴ ……………… 58 | フランク王国 ……………………… 19,23 | ユーゴスラビア …………………… 26,27 |
| トルコ ………………………………… 29 | フランス(語) | ユーロ ………………………………… 18 |
| 奴隷解放運動 ………………………… 30 | …… 18,19,20,22,23,30,36,37,55,58 | ユダヤ(人) ………………………… 38,39 |
| | フリータウン ……………………… 30,31 | ユダヤ教 ……………………………… 38 |
| **な** | ブリッジタウン ……………………… 59 | |
| ナウル ……………………………… 52,53 | ブルーマウンテン …………………… 57 | **ら** |
| ナッソー ……………………………… 56 | ブルネイ(・ダルサラーム国) … 48,49 | ラッフルズ …………………………… 46 |
| NATO(北大西洋条約機構) ……… 18 | 紛争ダイヤモンド …………………… 31 | ラモス・ホルタ ……………………… 51 |
| ニカラグア …………………………… 55 | ベネルクス三国 ……………………… 20 | リー・クアン・ユー ………………… 46 |
| ニコシア ……………………………… 29 | ベリーズ ……………………………… 55 | 立憲君主制 ………………………… 34,49 |
| 西インド諸島 ……………………… 30,56 | ベルギー ……………………………… 20 | リヒテンシュタイン ………………… 21 |
| 日本(列島) | ペルシア人 …………………………… 44 | ルクセンブルク ……………………… 20 |
| …… 23,27,35,45,46,48,49,53,58,60 | ベルン ………………………………… 19 | レゲエ ………………………………… 57 |
| ネパール(人) ……………………… 42,43 | ベロ元司教 …………………………… 51 | レセップス …………………………… 55 |
| | ポートオブスペイン ………………… 58 | レソト ……………………………… 34,35 |
| **は** | ボスニア・ヘルツェゴビナ(紛争) | ローマ ………………………………… 17 |
| ハーグ ………………………………… 20 | ……………………………………… 26,27 | ローマ教皇(法王) ……………… 16,17,24 |
| バーレーン(島) …………………… 40,41 | ボツワナ ……………………………… 35 | ローマ帝国 …………………………… 28 |
| 排他的経済水域 ……………………… 53 | ポドゴリツァ ………………………… 27 | ロゾー ………………………………… 59 |
| バセテール …………………………… 58 | ボルキア国王 ……………………… 48,49 | ロマンシュ語 ………………………… 19 |
| バチカン(市国) ……… 16,17,18,34,52 | ポルトガル(語、人) …… 30,32,44,50,51 | |
| パナマ ……………………………… 54,55 | ボルネオ島 …………………………… 48 | **わ** |
| パナマシティー ……………………… 54 | ホンジュラス ………………………… 55 | ワンチュク国王 …………………… 42,43 |
| バハマ ……………………………… 30,56 | | |
| ハプスブルク家 …………………… 18,19,21 | **ま** | |
| ハマド国王 …………………………… 41 | マケドニア ………………………… 26,27 | |
| パラマリボ ………………………… 60,61 | マセル ………………………………… 34 | |
| バルバドス …………………………… 59 | マナーマ ……………………………… 40 | |
| パレスチナ(人) …………………… 38,39 | マラッカ王国 ………………………… 46 | |

■監修者紹介

## 関 真興 （せき しんこう）

1944年、三重県生まれ。歴史研究家。東京大学文学部卒業後、駿台予備校世界史講師を経て、著述家となる。『学習漫画 世界の歴史』『学習漫画 中国の歴史』（以上、集英社）の構成を手がけたほか、著書に『読むだけ世界史 古代～近世』『読むだけ世界史 近現代』（以上、学習研究社）、『図説世界史 なるほど事典』（実業之日本社）、『総図解 よくわかる世界の紛争・内乱』『さかのぼり世界史』（以上、新人物往来社）などがある。

● 編集・文／榎本編集事務所　榎本康子
● カバー＆本文デザイン、本文イラスト／チャダル108
● 写真提供・協力／©2012.Ayaita"Empollerada en desfile 'Fiesta de Fiestas'"（P.1）、高橋玲美（P.46中、P.47右下4点）、黒津隆広（P.48上2点、P.49右上、左一番下）、松本和人（P.52～53上）、マギード純子（P.53中）、吉田治子（P.61上）、123rf、photolibrary、PIXTA

　©のクレジットが付いた写真は、クリエイティブ・コモンズ・ライセンス（http://creativecommons.org/licenses/）のもとに利用を許諾されています。

＊国名については、一部を除いて略称・通称を用いています。
＊各国の「基礎データ」について。面積は、国連の『Demographic Yearbook 2011』のデータをもとにしています。また、人口は、バチカン市国とナウルを除き（各国発表）、世界銀行の2012年12月発表のデータをもとにしています。国旗の説明は、主に『よくわかる国旗と国名由来図典』（出窓社）を参考にしています。それ以外の項目は、外務省のホームページを参考にしています。なお、民族の項目で、各民族の割合の合計が、四捨五入の関係で、100％にならない場合があります。
＊国旗のタテ・ヨコの比率は、一部を除いて、国連基準の2：3を採用しています。また、国旗の色合いは、印刷により本来の色と異なる場合があります。
＊本書は、2013年7月現在の情報に準拠しています。

どんなところ？

# 小さな国大研究
歴史・文化から自然環境まで

2013年9月20日　第1版第1刷発行

監修者　関 真興
発行者　小林 成彦
発行所　株式会社ＰＨＰ研究所
　　　　東京本部　〒102-8331　東京都千代田区一番町21
　　　　　　　　　児童書出版部　TEL 03-3239-6255（編集）
　　　　　　　　　普及一部　　　TEL 03-3239-6233（販売）
　　　　京都本部　〒601-8411　京都市南区西九条北ノ内町11
　　　　　　　　　PHP INTERFACE　http://www.php.co.jp/
印刷所　凸版印刷株式会社
製本所　株式会社大進堂

© PHP Institute, Inc. 2013 Printed in Japan
落丁・乱丁本の場合は、弊社制作管理部（TEL 03-3239-6226）へご連絡ください。
送料弊社負担にてお取り替えいたします。
ISBN978-4-569-78335-2
NDC290　63P　29cm